U0518831

英汉「嵌入投射」对比研究

系统功能类型学视角

陈树坤 ◎ 著

2022 年教育部人文社科规划基金项目：英汉「嵌入投射」功能类型对比研究（22YJA740004）

知识产权出版社

全国百佳图书出版单位

——北京——

A Comparative Study of "Embedded Projection" between English and Chinese—from the Perspective of Systemic Functional Typology

图书在版编目（CIP）数据

英汉"嵌入投射"对比研究：系统功能类型学视角 /
陈树坤著 . — 北京：知识产权出版社，2024.7
ISBN 978-7-5130-9383-5

Ⅰ.①英… Ⅱ.①陈… Ⅲ.①英语—功能（语言学）—
对比研究—汉语 Ⅳ.① H31② H1

中国国家版本馆 CIP 数据核字（2024）第 108061 号

责任编辑：赵　昱　　　　　　　　　　　责任校对：谷　洋
封面设计：北京麦莫瑞文化传播有限公司　　责任印制：孙婷婷

英汉"嵌入投射"对比研究——系统功能类型学视角

陈树坤　著

出版发行：知识产权出版社有限责任公司	网　　址：http://www.ipph.cn
社　　址：北京市海淀区气象路 50 号院	邮　　编：100081
责编电话：010-82000860 转 8128	责编邮箱：zhaoyu@cnipr.com
发行电话：010-82000860 转 8101/8102	发行传真：010-82000893/82005070/82000270
印　　刷：北京建宏印刷有限公司	经　　销：新华书店、各大网上书店及相关专业书店
开　　本：720mm×1000mm　1/16	印　　张：12.25
版　　次：2024 年 7 月第 1 版	印　　次：2024 年 7 月第 1 次印刷
字　　数：196 千字	定　　价：78.00 元

ISBN 978-7-5130-9383-5

出版权专有　侵权必究
如有印装质量问题，本社负责调换。

前　言

　　系统功能语言学用"投射"（projection）这一概念来讨论人类语言如何表达所说所想，其他语言学流派对应的概念有"报道语""转述语""言据性"等。投射是一个极其复杂的语言现象，是句法分析、话语分析、类型学等领域的重要交汇点。其中"嵌入投射"（embedded projection）是指"所说所想的信息"作为小句，嵌入或级转移（rankshift）至一个名词短语结构之中，如在"the assertion that...""it is possible that..."中，"that 小句"作为一条信息嵌入"the assertion"和"it is possible"结构中。

　　"嵌入投射"有其独特的句法行为、语义特征与语篇功能，广泛分布于各种类型的语篇之中，是语言学界一直关注的热点。早期的传统语法把该结构归为"名词小句"（noun clause）（Alexander，1988），随后很多学者发现小句所修饰的名词有其特殊性，从而产生"概指名词""载体名词""外壳名词"等概念，是对"嵌入投射"研究的有益补充，但是前人的研究大多侧重名词端，忽略"嵌入小句"所实现的系统功能特征，而系统功能语言学虽然对投射语言研究较为深入，但仍未能全面系统把握"嵌入投射"的意义潜势（meaning potential）。另外，前人对"嵌入投射"的研究局限于英语单语，缺乏跨语言对比研究，该语言现象仍未引起汉语界重视，亟须从英汉对比的角度构建更具类型学意义的语义系统网络。鉴于此，本书拟结合对系统功能语言学和其他语言学流派的观察，利用 COCA、BCC 等英汉大型语料库，对"嵌入投射"的语义系统网络进行建构，并从语法句构、语义特征、语篇功能等多个维度进行英汉对比研究。

本书共分为九章，第一章主要介绍"投射"的理论来源和系统功能语言学作为普通语言学理论的独特之处，为全书研究做好理论背景铺垫。第二章对"嵌入投射"研究作全面系统综述，概述各个语言学流派对相关语言现象的发现以及阐释亟须继续推进的研究空间，论证本书的可行性和必要性。第三章对本书的类型学视角作一个说明，为后面的系统网络和功能意义观的章节安排作铺垫。第四章"'嵌入投射'系统网络建构"主要是以思辨方法对相关现象作一个基于概念意义的系统网络建构，为嵌入投射语言作一个总体归纳。第五章从概念意义出发，基于嵌入投射的语义系统网络对英语和汉语的嵌入投射的范畴化和非范畴化的词汇语法表现形式进行对比研究。第六章从人际意义的角度探讨英语和汉语嵌入投射在评价意义和语义韵方面的异同。第七章聚焦对比英汉语嵌入投射的主位结构和信息结构分布规律，并探讨其篇章功能。第八章对第五至第七章的发现作一个总体归纳，抽象提炼出可用于嵌入投射跨语言对比的类型学参数。第九章切换视角，从翻译转换的角度去分析英汉嵌入投射的差异，重点聚焦政治语篇中的"问题"及其翻译的词汇语法分布规律，展现出本书所指的嵌入投射研究在语篇分析和翻译研究领域的可应用性。

本书为"嵌入投射"建构全新的语义系统网络，完善系统功能语言学的投射理论，加深学界对于"嵌入小句句构"和"外壳名词"等相关现象的理解，研究归纳的类型学参数具备普通语言学理论价值。同时由于嵌入投射广泛分布于各种不同类型的语篇，本书构建的语义系统网络可应用于语篇分析、批评话语分析、翻译转换研究等，为量化分析提供科学依据，对个别语言的系统描写、语篇分析、英语教学、对外汉语教学等具有补充和促进作用。本书得到 2022 年教育部人文项目："英汉'嵌入投射'功能类型对比研究（22YJA740004）"的资助，并且得到课题组成员（常晨光教授、黄中习教授、陈航老师、曾文雄教授、涂兵兰教授、杨曙副教授、钟泽楠老师和刘萱老师）在各方面的指导和帮助，在此一并致谢！由于书稿写作时间紧迫，错误在所难免，恳请学界同人多多批评指正。

目　录

第一章 引 言

系统功能语言学用"投射"（projection）这一概念来讨论人类语言如何表达所说所想，其他语言学流派对应的概念有"报道语""转述语""言据性"等（Buchstaller & Alphen，2012：XIX–XX）。韩礼德（Halliday，1977）首次提出了"投射"这一概念，用来指代两个小句之间的一种逻辑语义关系（logico–semantic），与扩展关系（expansion）并列。韩礼德（1985）对投射作如下定义：

（1）扩展关系：次小句通过三种方式扩展主小句——（a）阐释，（b）拓展，（c）增强。

（2）投射关系：次小句被主小句投射，使次小句成为——（a）话语（a locution）或者是（b）想法（an idea）。

举例说明，以下两个小句之间的逻辑语义关系便是投射。在例（1a）中，"he said"是主句，投射出次小句"I will come"这段话语。在例（1b）中，"He thought"是主句，投射出次小句"he would come"这个想法。

（1a）"I will come"，he said.

（1b）He thought he would come.

那么为何要用"投射"这一概念去取代传统的"转述语""言据性"概念呢？转述语、报道语这些概念大多以形式为标准，描写语法如何对信息进行引述和报道，而言据性是描述语言的可靠性特征，是对语言的客观描述，并未和语法单位形成对应关系。投射概念则不一样，它是从功能意义上对语法进行系统分类描写。从概念意义上来说，投射指的是一种逻辑语义关系，这种语义关系所说明的是两个语法单位之间的意义关系，投射和扩展在本质上是区分小句构建的现实层次（order of reality）关系的不一样。扩展构建的两个语法单位处于同一现实层次，都属于一级现实（first-order reality）。如例（2a）中，"He spoke"是语言直接表征的一个可以直接观察到的现象，然后"he left"是语言直接表征的另一个现象，两个现象都属于一级现实，通过"then"构建了一个时间先后顺序，所以属于"拓展"（extend）。但是投射关系则不一样。在例（2b）中，"He said"仍然是一个语言直接表征的现象，是一个言语现象，也是可以直接观察到的现象。但是"I'll leave"这个事件则不是可以直接观察到的，这个现象是我们通过他说出来的话才构建的现象，是一个用语言表征语言再表征现象的二级现实（second-order reality）世界，系统功能语言学称为"元现象"（meta-phenomenon），即"表征现象的现象"或"表征语言的语言"。这种在现实层级上的区分给投射概念新的内涵，使我们能够从功能认知上更加系统深入地看待语法单位之间的关系。

　　（2a）He spoke then he left.

　　（2b）He said "I'll leave".

　　在现实层级不一的基础上，我们便可以用投射来描述语法单位之间的关系，上至语段，下至构成小句的语法成分里面都可以做投射语义分析。例如：

　　（3a）He says he will come.（小句复合体）

　　（3b）He wants to come.（动词词组复合体）

　　（3c）According to him, he will come.（附加语）

　　（3d）He talks about coming.（附加语）

　　（3e）He will probably come.（附加语）

　　（3f）子曰："学而时习之，不亦说乎？有朋自远方来，不亦乐乎？人不知而不愠，不亦君子乎？"（语段）

　　（3g）I love the fact that he will come.（名词词组）

　　（3h）It is possible that he will come.（名词词组）

　　例（3a）中，"He says"是投射小句，"he will come"是被投射小句，

组合成小句复合体（clause complex）。例（3b）中，"wants"是心理小句的过程，投射出"to come"另一个物质过程，两个过程组合成动词词组复合体。在例（3c）中，"According to him"是附加语成分，在及物性分析中属于环境成分（circumstance），在意义上相当于"He says"，因此以附加语成分投射了小句"he will come"，附加语与主句之间形成投射关系。在例（3d）中，"He talks"是言语过程小句，"about coming"以附加语的形式表达了说话内容，因此附加语是被投射成分。在例（3e）中，"probably"表达了可能性，也就是说话者对小句进行了主观介入推测，隐含了"I think"的意义在里面，因此附加语和主句之间构成了投射关系，"probably"是投射附加语，"He will come"是被投射小句。在例（3f）中，"子曰"是投射小句，被投射的是多个小句组成的一个语段，因此是被投射语段。

从例（3a）到例（3f）我们可以看出，投射是一种逻辑语义关系，是可以用来描述任何语法单位之间的关系的，不局限于小句复合体中的小句关系。只要发生投射关系，两个语法单位的现实层级就会发生区分。如在例（3c）中，由于"According to him"投射环境成分（projecting circumstance）的出现，"he will come"这一个物质过程小句变成了二级现实的现象。

本书要聚焦讨论的现象是例（3g）和例（3h），其投射成分是名词词组。在例（3g）中，没有任何的言语过程或者思想过程，"he will come"小句以一个事实的意义被投射，投射成分是"the fact"。从语法关系上来说，"that he will come"是嵌入（embedded）名词"the fact"作为名词词组的后置修饰语（qualifier）。再看例（3h），"that he will come"是被投射的小句，以嵌入的形式出现在"It is possible"关系过程小句中，"It"是主语占位成分（subject placeholder），起到预测功能，使事实小句后置（postponed fact clause），从语篇意义上实现评价型增强功能（enhanced theme）（Thompson，2014：170；Fawcett & Huang，1995）。从上面的描述可知，这些"that 小句"都是以嵌入的方式，级转移至小句中的成分，并且携带投射意义（小句所构建的现象不属于一级现实），系统功能语言学以"嵌入投射"概念描述相关的语言现象。换言之，"嵌入投射"是"所说所想的信息"作为小句，嵌入或级转移至一个名词短语结构之中，如在"the assertion that..." "it is possible that..."中，"that 小句"作为一条信息嵌入至"the assertion"和"it is possible"结构中。

"嵌入投射"有其独特的句法行为、语义特征与语篇功能，广泛分布于各种类型的语篇之中，是语言学界一直关注的热点。早期的传统语法把该结构归为"名词小句"（noun clause）（Alexander，1988），随后很多学者发现小句所修饰的名词有其特殊性，从而产生了"概指名词" "载体名词" "外壳名词"等概念，是对"嵌入投射"研究的有益补充，但是前人的研究大多侧重名词端，忽略"嵌入小句"所实现的系统功能特征，而系统功能语言学虽然对投射语言研究较为深入，但仍未能全面系统把握"嵌入投射"的意义潜势（meaning potential）。另外，前人对"嵌入投射"的研究局限于英语单语，缺乏跨语言对比研究，该语言现象仍未引起汉语学界重视，亟须从英汉对比的角度构建更具类型学意义的语义系统网络。鉴于此，本书拟结合对系统功能语言学和其他语言学流派的观察，利用 COCA、BCC 等英汉大型语料库，对"嵌入投射"的语义系统网络进行建构，并从语法句构、语义特征、语篇功能等多个维度进行英汉对比研究。

从理论价值来说，本书为"嵌入投射"建构全新的语义系统网络，完善系统功能语言学的投射理论，同时可以加深学界对于"嵌入小句句构"和"外壳名词"等相关现象的理解。最终归纳出具备普通语言学理论价值的类型学参数。从应用价值来看，由于嵌入投射广泛分布于各种不同类型的语篇，本书构建的语义系统网络可应用于语篇分析、批评话语分析、翻译转换研究等，为量化分析提供科学依据。同时，本书对个别语言的系统描写、语篇分析、英语教学、对外汉语教学等具有补充和促进作用。

本书是系统功能类型学的个案研究。系统功能类型学是以系统功能语言学为理论框架的类型学研究，属于系统功能语言学多语言研究的一个分支。它的理论基础是系统功能语言学理论，包括语言的元功能（metafunctions）、层次（stratification）、级阶（rank）、语义域（semantic domain）等观点。

一、元功能

系统功能语言学（SFL）提出的一个最重要的假设是，语言之所以成为现在的样子，是因为它具有一些基本功能，帮助人类将自己与生态和社会环境联系起来。所有这些功能都很普遍，为实现不同的功能形成相应的词汇语法系统，这些具备普遍意义的功能被称为"元功能"。

语言帮助人类交流和思考物理和抽象的世界。它提供了一种人类经验的理论（Halliday & Matthiessen，1999）。这就是语言的表意元功能，它被分解为经验元功能和逻辑元功能。经验功能是指说话者指代人、事、特征、品质和环境的功能，它主要被语法化为转折性系统，其中分句成分被标记为参与者、过程和环境。经验意义在子句中的语法结构是以过程为核心要素的轨道。过程有六种主要类型，包括物质过程、心理过程、关系过程、存在过程、言语过程和行为过程，它们决定了不同参与者角色的配置方式。例如，一个物质过程可以有一个目标（如"He drove a car"），一个言语过程可以投射一个元现象（如"He says a car is coming"）。但是，一个物质过程不可能投射一个元现象（如"He drove a car is coming*"❶）。

逻辑功能在逻辑—语义的基础上将命题思想或这些思想的要素相互联系起来。它为创造任何等级的复合体提供了资源，在语篇发展中得以扩展。在操作这一功能时，说话者将单词组合成单词复合体，将短语组合成短语复合体，将小句组合成小句复合体（Matthiessen，1995：90）。因此，系统功能语言学将小句复合体视为语法结构的最高单位。小句复合体系统由三个基本入口条件组成：依存关系（taxis）、逻辑语义关系（logico-semantic）和递归系统（recursion）。依存关系涉及两种语法关系的选择：并列和从属。逻辑语义关系包括两种主要类型：扩展和投射。递归系统指的是继续循环或停止，表明逻辑意义的结构是串行的。

语言还为人们提供互动资源来维持人际关系，语言中的某些成分有助于这种人际元功能。在语义层，它是一个语音功能系统，包括语步（发

---

❶ *表示该表达不符合语法。

起或回应)、角色(给予或要求)和商品(信息或货物)。在词汇语法层面上,这些意义是由小句中的语气(Mood)、极性(Polarity)和情态(Modality)实现的。语气系统中的句子成分由主语、限定性和剩余成分组成。在英语中,正是主语和限定性的句法位置实现了不同的语音功能。例如,在"Do you like it?"中,限定成分"do"在主语"you"之前,表达是非疑问句。人际意义的结构是韵律性的,因为一些人际意义成分可能会渗透周围的其他成分中。

语言提供了资源,使经验意义和人际意义以连贯的方式结合,从而成为一个可理解的文本,这就是语篇元功能。有些资源并不形成语法结构,而是标志着话语中的文本链接,如词汇凝聚、指代、省略和连词,后者部分是结构性的(Halliday & Hasan, 1976)。一些语篇意义体现在句子级别的语法结构中,如主位/述位和旧信息/新信息。说话者倾向于把话语的开头和结尾作为起点和信息高点给予语篇信息上的突出地位。因此,语篇意义的结构是周期性的。

总而言之,功能语法分析应该考虑某种形式与哪种元功能有关,并为这些语法成分贴上相应的功能标签。

二、层次化

语言被建模为一个由不同层次(strata)组成的符号系统,包括表达层、内容层和语境层。内容层又被进一步划分为两个阶层,即词汇语法层次和语义层次。语言的多层次性被称为层次化。语言的力量在于内容层面的词汇语法和语义的分离。根据韩礼德(1975)的研究,婴儿在其最早阶段的语言只有两个阶层:表达和内容。例如,婴儿可能通过哭声或尖叫声告诉母亲自己饿了,其中不涉及语法。另一个例子是交通信号灯,颜色符号(表达层)和停止、前进或减速的意义(内容层)之间存在一对一的关系。但是一个完全社会化的人需要表达的意义是如此复杂,以至于像交通信号灯这样的一对一关系系统会产生太多的符号,无法处理。因此,人们发明了数量有限的符号,以不同的方式组合成意思,而符号本身是由数量有限的声音或字母以不同的方式组合而成的。这样，语言就演变成了一个一对多关系的系统，或者说是一个冗余系统，通过这些冗余将我们的生态社会环境与空气中的非随机干扰（声波）联系起来（Halliday & Matthiessen，2004：26）。因此，有了额外的词汇语法层，一种语言的意义潜力就可以用有限的符号来无限扩大。功能语法分析主要集中在词汇语法层，研究某一语义域如何通过词汇语法层的各种模式来实现。

三、词汇语法连续统

如上所述，语言的内容层已经发展成两个阶层：语义层和词汇语法层。"词汇语法"这一术语表明，词汇和语法并非两个不同的东西，它们只是代表了两种意义表达策略。系统功能的语法概念倾向于缩小什么是词汇和什么是语法之间的差距（Halliday，2008：70）。有时，词汇和语法是不能分开的，因为语言所做的是把非常复杂的现实转化为意义。当人类关系和人类经验被语言转化为意义时，或者说被符号学化时，其任务的复杂性需要这种互补的方法。语言演化出两种不同的、原则上相互矛盾的意义生成策略，两种策略都可以在整个任务中得到部署，但不是全部的最佳策略。因此，两种策略都要发挥作用，各自建立起画面的一个部分；然后，这两种策略必须被调和，以创造一个全面的、可理解的整体（Halliday，2008：72-73）。

正如韩礼德（2008：73）所说，语法就像一张地图，可以很好地处理大型的、可划分的模块，而词汇就像一张照片，可以更好地捕捉具体的实体。有时，我们会产生既像地图又像照片的混合形式的表述。语法分析的功能方法与其他方法的不同之处在于，词汇的实现也可以用语法来解释。

四、级阶与级转移

语言是由不同等级的单位组织起来的（Matthiessen，1995：75；Thompson，2014：21-26），一个较高等级的单位由下一等级的单位组成。在英语中，级阶包括"小句—词组/短语—词—语素",如表 1.1（Matthiessen，1995：75）所示。

表 1.1　系统功能语言学对级阶的划分

级阶	例　子
小句	|What enables us to have thoughts and feelings? |
词组/短语	What| enables...to have| us| thoughts and feelings
词	What| enables, ...to, have| us| thoughts, and, feelings
语素	What| enable+s, ...to, have| us| thought+s, and, feel+ing+s

本书主要关于词组/短语等级的语法，并与小句级阶的语法环境联系起来讨论。

汉语和英语在级阶层次的单位数量上是相同的。然而，正如韩礼德和麦克唐纳（Halliday & McDonald，2004：312-314）所指出的，汉英之间至少有两个区别。

　　首先，在汉语中，对句子语法有影响的最低等级是词组而不是词。词的内部结构是严格的派生结构（复合体、词类形式）而不是屈折性的。语法词缀（通常被称为小品词）可以被分析为组（从属关系、体）或小句（体、情态）结构的一部分。这意味着级阶层次的概念与英语有些不同，有些词类直接在句子的结构中运作。其次，某些等级之间存在一定程度的功能不确定性……这往往使人难以区分动词组和小句，以及动词组复合体和小句复合体。

另一个关键的理论概念是级转移，即处于高级阶的单位来担任低级阶单位的成分。例如，一个小句可以被降级，作为一个名词词组中的中心语修饰语，如 "As a simple illustration, think of an intern [[who examines a patient in the emergency ward of a hospital]]"（"[[ ]]"用于标记发生级转移的小句）（Matthiessen，1995：99-100）。级转移是扩大低级阶单位意义潜力的重要语法手段，也是本书关注的嵌入投射现象的主要语法手段。

五、语义域

在层次化模型中，语义层的最高单位是语篇，是最广泛的意义单位（Halliday & Matthiessen，2014：660）。这就是为什么马丁（Martin，1992）提出了语篇语义这个术语，以强调文本是一个语义单位的事实。另外，词汇语法层的上限是小句。因此，一个文本并不是由小句组成的，而是由小句和小句复合体实现的。在词汇语法中，有一个明确的级阶（小句—词组/短语—词—语素）。在语义学中，是否有这样的级阶层次还不清楚。但我们可以尝试将语义单位限定在一个更宽或更窄的区域，韩礼德和麦蒂森（Halliday & Matthiessen，2014）称之为语义域（semantic domain）。有些语义域是集中对应某个词汇语法系统实现的。语义域的功能分离可以映射到一组语法系统上（见表 1.2）。

表 1.2　一些语义域的紧凑实现

	Logical	Experiential	Interpersonal	Textual
semantics	text			
	（episodic patterns）		（exchange patterns）	（information flow patterns）
	sequence ↘	figure ↘	proposition/ proposal ↘	message ↘
lexicogrammar	complex of...	clause		
	TAXIS & LOGICO-SEMANTIC TYPE	TRANSITIVITY	MOOD	THEME; INFORMATION [info unit]
	complex of...	group/phrase		

资料来源：Halliday and Matthiessen，2014：664。

这种实现关系因两种现象而变得复杂：跨语法语义域和语法隐喻。虽然语法隐喻的概念已经引起了大量的讨论（Halliday & Matthiessen，1999；Martin，2013，1992；Matthiessen，1995；Thompson，2008；常晨光，2004），但跨语法语义域（以下简称 TSD）的概念受到的关注少得多。语法隐喻指的是一个特定意义的不同表达方式（Halliday，1994：342）。在这些表达方式中，某个表达方式自然地体现了一个特定的意义域。这被定义为一致的表达式，而其他的则是不一致的，或者是隐喻式的。例如，寻求信息的意义是由问题实现的，不一致的表达是由命令式或陈述式实现的（Matthiessen，1995：438-441）。因此，语法隐喻是语义层和词汇语法层之间的重新映射。但是语法隐喻的概念只适用于某一特定意义与某一形式自然对应的情况。有一些语义单位在语法环境中分散地体现出来。很难说哪一个语法单位是有关意义的自然对应形式。例如，韩礼德（1998）认为疼痛是一个高度复杂的经验领域，它在词汇语法上被识解为不同的体现方式。英语可以将疼痛表现为过程（如"it hurts"）、事物（如"have pain"）或质量（如"be painful"）。同样，在发展他的语篇语义学模型时，马丁（1992）认为，一些人际关系参数不能通过在词汇语法层的不同实现方式来概括。值得注意的是，一个人的感觉在词汇语法层中找不到一致的实现方式。

（3a）Ford is smiling because Trillian arrived.［行为过程］

（3b）It pleases Ford that Trillian has arrived.［心理过程］

（3c）Ford is happy that Trillian has arrived.［关系过程］

（Martin，1992：16）

上述三个句子使用了不同的过程类型，行为上的"smile"、心理上的"please"和关系上的"is"，但在福特（Ford）对特丽莲（Trillian）的到来的感受上，其意义是相同的。这种评价意义的实现延伸到各种语法结构上，但主要依靠的是词汇手段。因此马丁和他的同事（Martin & Rose，2003；Martin & White，2005）在（语篇）语义层面上建立了一个评价系统。笔者认为，这也可以被认定为语义域。根据韩礼德和麦蒂森（2014）的说法，英语中语义域有两种基本类型：扩展和投射。目前感兴趣的是投射语义域，语义域概念对于跨语言对比和类型学研究皆具有重要意义。

系统功能类型学从系统功能语言学理论的多个维度对语言系统与结构的相似性与差异性特征进行概括。与其他的类型学研究相比较，系统功能类型学主要有以下几个鲜明的特征：

其一，基于描写、以语篇为基础、注重语言系统、强调元功能和意义。系统功能类型学将系统置于首位，结构由系统衍生而来，对个别语言的描写以系统而不是结构作为出发点和目标。它将处于不同精密度上的次系统进行跨语言对比，并把语言次系统置于整个语言系统的环境之中，考察系统之间的联系。

其二，系统功能类型学强调对语言三大元功能的描写，并认为从人际和语篇元功能进行描写可能有更多的收获。它旨在从功能的角度寻找语言共性与差异性的解释。

总之，从系统和结构的角度来看，系统功能类型学是对语言次系统进行的跨语言对比研究，侧重语言系统的共性和个性的概括；从语言共性和个性的角度来看，系统功能类型学侧重语言的变异，注重概括语言的个性。

本书主要采取定性分析的方法。首先基于语料库观察，然后从功能的角度阐释语言现象，属于研究方法中的探究与阐释范式（exploratory-interpretive paradigm）。对英汉"嵌入投射"系统的描写从系统功能语言学理论的多个维度展开，利用 COCA 语料库以及北京语言大学 BCC 语料库（荀恩东等，2016）进行语料检索。同时，参考以系统功能语法为理论框架撰写的语法著作和其他语言学流派的相关研究文献资料。涉及的具体方法包括以下几种：

其一，理论思辨与质性分析归纳法。该方法主要在"嵌入投射"语义系统网络建构阶段，通过对系统功能语言学和其他语言学流派的观察，以及观察与思辨，建构出初步的语义系统网络。

其二，语料库方法。通过大型语料库的索引行分析对系统网络的理论合理性进行检验。

其三，量化分析法。通过大型语料库抽样文本，对"嵌入投射"的分布规律进行量化统计，以此观察英汉语言的系统差异，以弥补质性分析的缺漏。

第二章 "嵌入投射"研究综述

引　言

"嵌入投射"作为一个特殊的语言现象，受到语言学界各个流派的关注。在系统功能语言学的理论背景之下，嵌入投射属于投射语言研究。而具体地对嵌入投射的内部结构进行划分，嵌入投射涉及一个小句级转移构成名词词组，因此其焦点可放在"名词端"和"小句端"，其研究重点各不相同。为了全面系统地了解嵌入投射的研究现状，本章的研究综述拟从三方面展开：投射语言研究概况；嵌入投射名词研究概况；嵌入投射小句研究概况。

一、投射语言研究概况

投射语言研究是系统功能语言学界的热点。为了更加系统深入地展现投射语言研究的概貌，我们使用"projection / 投射"、"systemic functional linguistics / 系统功能语言学"、"verbal projection / 言语投射"、"mental projection / 心理投射"、"verbal process / 言语过程"、"mental process / 心理过程"、"speech and thought representation / 言语和思想表征"和"direct and indirect speech / 直接和间接引语"等关键词搜索中国知网、Web of Science、ProQuest、香港理工大学的 One Search、谷歌学术等数据库中的英语和汉

语的文献，并且写信给业内权威专家咨询获取相关文献信息，进行手动收集，共收集到相关研究文献 91 篇（截至 2020 年）。

通过对 91 篇文献的手动标注和归类，剔除一些相关性不高的文献，我们总结出投射语言研究的五大领域，分别是：理论探讨（29 篇文献）、语言描写（15 篇文献）、语言教育（12 篇文献）、翻译研究（4 篇文献）以及职业话语研究（6 篇文献）。其中理论探讨和语言描写两个领域与本书研究较为密切，笔者拟对这两个领域的研究现状进行较为具体的介绍。语言教育、翻译研究以及职业话语研究属于应用研究，在此不再赘述（详见 Xuan & Chen，2020）。

投射语言的理论探讨包括 7 个方面的问题：（1）系统网络建构；（2）认知阐释；（3）元功能阐释；（4）语篇特征；（5）句法问题；（6）语法隐喻；（7）多模态特征。下面分别说明。

系统功能语言学的最大特点之一就是为把具备语义倾向的语法实现方式以系统方式描写出来，即重视对语言纵向的（paradigmatic）潜在系统选择进行描写。韩礼德（1985，1994）在较早版本的《功能语法导论》（*An Introduction to Functional Grammar*，IFG）中未提供投射系统网络。直到 IFG 的第三版（Halliday & Matthiessen，2004）开始，投射语言的系统网络正式提供，并一直保留到第四版未改变（Halliday & Matthiessen，2014）。

IFG 中的投射系统网络主要是针对小句复合体级阶的，即描写两个小句之间的逻辑语义关系（Halliday & Matthiessen，2014：511）。麦蒂森对投射系统网络的构建是在动词词组复合体（Matthiessen，1995：718）和小句复合体层面（Matthiessen，1995：142），是 IFG 的重要补充。麦蒂森的系统网络建构主要侧重投射和主从关系（taxis）之间的选择，在动词词组中，不存在并列关系（parataxis）的投射关系。基于系统功能语言学的概然率思想，麦蒂森（2002）对投射系统网络的各个实现选项做投射语言在不同语域中的分布分析，丰富了投射语言在小句复合体层次的描写（更早期的概然率数据见 Nesbitt & Plum，1988）。

投射语言的理论建构也引起国内学者的兴趣。丁建新（2000）基于韩礼德（1994）的观点构建出并列、主从和嵌入三个投射子系统。丁建新的嵌入投射子系统是对嵌入投射现象进行系统网络构建的较早尝试，具有开拓性，但由于其对投射概念的内涵理解未纳入"事实投射"（fact projection），整个网络比较有局限性。曾蕾、梁红艳（2012）和梁红艳（2015）随后也尝试把嵌入投射纳入投射语言的整体意义建构系统网络。其中，曾蕾、梁红艳（2012）基于对嵌入投射出现在不同过程类型的小句环境的观察构建出"事实"投射系统网络（见图2.1），将带有"事实"的小句分为言语过程、心理过程和关系过程，为投射系统网络建构提供新的思路。

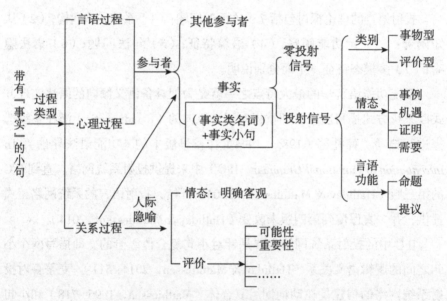

图 2.1 "事实"投射系统（曾蕾、梁红艳，2012）

　　曾蕾（2016）对投射在小句复合体之上的层次进行考察，基于《论语》语料建构出投射语段的逻辑功能分析系统。其主要创新的发现是把投射语段意义单位类型分为"投射超小句复合体"、"投射段落"、"投射跨段落"和"投射小句复合体群"，对超越小句复合体层次之上的投射意义进行更加系统深入的描写。

　　值得一提的是，投射系统网络建构已经延伸到多模态语篇（曾蕾、杨慕文，2016a，2016b）和生态语言学领域（李晶、曾蕾，2022）。曾蕾、杨慕文（2016b）基于漫画语篇中的投射现象，勾勒出图文语篇的投射分析框架，重点分析"言说者/感知者"、"投射信号"和"投射信息"的图文表征形式，考察符号的辨识度、模态选择和符号的生命特征等参数。他们认为图文投射基本是并列关系，较少"嵌入投射"现象，因此该系统网络未考虑嵌入投射的多模态语篇表征方式，仍有进一步的拓展空间。

李晶、曾蕾（2022）从系统功能语言学中对生态系统类型的描述，把投射源头分为"物理系统&生物系统"、"社会系统"、"认知系统"和"符号系统"，并将属于"嵌入投射"的"事实投射"归属于社会系统，对研究有启发意义。

除了投射意义的系统网络建构，投射的认知功能属性也是理论探讨的重点，投射的底层认知功能对"嵌入投射"的准确深入理解具有重要的启发意义。系统功能语言学为何用"投射"这一概念来取代"引述语""报道语"呢？我们看韩礼德和麦蒂森（1999：106）对投射的认知阐释：

> 在整个人类经验的语义识解中，存在两种现实层次的区分：一方面是我们物质存在的日常现实，另一方面是仅由语言系统带来的二级现实。这种区分以如下方式体现在序列关系［sequence，系统功能语言学用序列表达事件之间的关系］中。序列关系要么通过添加另一个构型［figure，系统功能语言学用构型代表一个事件］来扩展一个构型，两者仍然保持在相同的现象层次；要么序列关系将两个构型中的一个投射到二阶的、符号学现象的层面上，这样它就进入了元现象［metaphenomena，意义或措辞］的领域❶。

因此，投射的本质是语言对人类经验现实层次关系的语义识解。以此认知阐释为出发点，梁鲁晋（2004）指出"转现象"发生在投射环境化中，即"according to"使得过程转变，投射源隐藏；同时讨论了嵌入

---

❶ 此处的［］表示笔者加的注释。

投射具备名词化的"名物化"特征，也保留了命题的可商议性。李桔元（2007）进一步讨论"元现象"和"元事物"的概念，被投射的符号现象就是元现象，符号性抽象概念事物可以作为投射型事物，因为它可以在带有事实性小句作后置修饰语的名词词组中作事物。后者涉及嵌入投射现象。

在投射的元功能阐释方面，韩礼德和麦蒂森（1999）的认知阐释实际上是经验功能的描写。麦蒂森（1995：154–158）讨论了投射小句和被投射小句的先后顺序与语篇功能，例如"said Henry"这样的结构给予说话者末位信息焦点地位。汤普森（Thompson，2005）则把联接系统（conjunction）按元功能划分，把投射视为一种联接。他开拓性地提出"经验投射"和"人际投射"的区分。经验投射是指通过对言语或思想的表征投射出的元表征（meta-representation）。人际投射指的是对某一命题（proposition）框定态度或者言语行为。辛志英、黄国文（2010）接受经验投射和人际投射的区分，并指出两种意义在不同语境中会动态激活。曾蕾、于晖（2005）重点讨论了投射符号（包括投射小句、投射短语、投射词组等）的人际意义功能，并基于归属意义和人际意义程度不同构建出人际意义的等级模式。笔者（陈树坤，2017）基于《红楼梦》平行语料库考察了角度成分（如"according to"）的人际功能，把投射研究的视角聚焦在环境成分。

在投射的功能句法方面，系统功能语言学采用的是意义倾向的分析视角。因此，投射是一个语义范畴。在此语义范畴之下，投射小句复合体之间存在主从和并列两种关系（Halliday & Matthiessen，2014）。但传统语法认为，被投射小句应该是投射小句的"补语"（complement）或者宾语。在系统功能语言学界内部，也有学者提出争议，认为应该用"嵌入"的概念取代主从关系，统一把被投射小句视为嵌入投射小句中，做投射小句的补语（Fawcett，1981，2000：271）。但是补语或者嵌入分析不合理的地方在于，投射小句复合体没有被动语态，我们不能说"That he would come was thought by him"。廖益清（2006）分别对言语投射、思维投射和嵌入投射三类小句复合体进行句法分析，把"I saw Mary come in"这类传统语法所说的"非限定感官动词补语"结构分析为投射小句复合体。实际上，在系统功能语言学中，"Mary come in"被视为事实投射小句，是心理过程"saw"的现象成分，属于"元现象小句"（metaphenomenal clauses）（Halliday & Matthiessen，2014：251），这一点对理解嵌入投射的句法本质至关重要。

齐曦（2009）用"投射"意义来解释英语的使役结构，认为使役结构中可包含事实嵌入投射（如"It frightened me to see..."中，"to see"为嵌入投射）和主从观点投射（如"Sheila has just reminded me to tell..."中，"remind"为主从观点投射）。还有"confirm""ensure"之类的抽象物质过程动词，也会出现嵌入投射。这些分析为传统的使役结构句法分析提供了更加精准的句法辨析。

笔者（陈树坤，2015）基于投射意义来解释附加语的语序问题，把附加语区分为"投射源附加语"（如"in my opinion"）、"投射过程附加语"（如"reportedly"）、"投射环境附加语"（如"frankly"）、"事实投射附加语"（如"probably"）以及"无投射附加语"（如"tightly"）。以投射意义作为附加语的分类依据能够有效解释附加语的语序规律。

王根莲（2014）、贾培培和张敬源（2015）聚焦投射的级转移和递归性进行深入讨论，其中王根莲（2014）指出投射系统的级转移和语法隐喻之间的对应关系，即人际隐喻是自下而上的转移（如"probably → I think"），概念隐喻是自上而下的转移（如"I believe → my belief that"）。这里蕴含着嵌入投射和语法隐喻的密切关系。系统功能语言学最大的贡献在于指出投射小句（如"I think"）是情态意义的隐喻式 / 非一致式表达（Halliday，1985，1994；Matthiessen，1995；Halliday & Matthiessen，1999，2004，2014）。但是人际隐喻、概念隐喻、人际投射、概念投射这些术语和定义在不同学者处使用都不尽相同（Thompson，2005；曾蕾，2003；辛志英、黄国文，2010；王根莲，2014），会给这个领域的研究带来一定困扰，"嵌入投射"这个概念则比人际投射、概念投射更具备统一性，不会产生歧义。

由于投射是一个功能意义概念，其在词汇语法中如何实现具备跨语言对比的类型学价值，许多学者对投射语言进行跨语言对比和描写。对单一语言进行描写的研究有：霍尔斯廷（Holsting，2008）的德语研究、帕特蓬（Patpon，2009）的泰语研究、特鲁亚（Teruya，2009）的日语研究、萧净宇（2001）的俄语研究、杨国文（2017）的汉语研究。值得一提的是，杨国文（2017）对汉语的主从投射、嵌入投射都有所讨论，并在讨论过程中简要地指出英汉嵌入投射的基本差异，即汉语多用副词、形容词、动词短语等实现事实投射语段（如"真是不巧，[二姐又病了，你又要出门去。]❶"），并把动词短语视为情态附加语的隐喻形式，此观点值得本书借鉴。

另外，曾蕾（2000b）较早对英汉投射小句复合体层次进行对比。笔者（陈树坤，2016）尝试性地对英汉角度成分（投射环境成分之一）进行对比，指出汉语角度成分偏向"显性"，即要对投射过程进行说明，如通常要说"据他……说"，很少只说"据他"，英语角度成分则可显可隐，如"according to"中不出现投射过程。笔者（陈树坤，2021）基于对英汉角度成分表达方式的差异对角度成分的系统网络进行了尝试性的建构。阿尔斯－希塔（Arús-Hita，2018）则对西班牙语和英语的投射语言进行从小句级阶到词组级阶的对比。

在多语言对比方面，麦蒂森（2004）和阿鲁斯－希塔（Arus-Hita et al，2018）进行了深入系统的比较，涉及阿拉伯语、英语、达加雷语（Dagaare，加纳地区语言）、印度语、西班牙语和日语等，从投射意义的切入点向学界展示功能类型学的研究路径。

从投射语言研究的文献得出以下几点结论：（1）投射语言的系统网络建构在各个语法层次皆有成果，并且在内涵和外延上不断丰富，其中不乏对嵌入投射的观察，但是聚焦嵌入投射的功能意义和系统网络建构仍可继续推进。（2）投射语言具备跨语言对比和多语言类型学描写的意义，学界在该方向已经做了一定的努力，但是对嵌入投射的讨论或者跨语言对比仍然缺乏系统深入的研究，多数只是在谈论其他问题时顺带提及，研究比较零散，特别是对汉语的相关现象缺乏全面的归纳。（3）文献中较为缺乏基于语料库和数据驱动的投射语言研究，只有零星几篇论文对投射的主从关

---

❶ 此处中括号表示属于事实投射语段。

系（taxis）进行小范围的概然率分析。因此，本书拟基于语料库对嵌入投射现象进行更加全面系统的归纳。

二、"嵌入投射"名词研究概况

前文回顾了系统功能语言学界对投射语言的研究现状，以说明嵌入投射在投射语言研究中的位置，可以看到嵌入投射在整个投射语言研究文献中，是相对欠缺的。本部分拟综述各个语言学流派对嵌入投射相关现象的研究。综观文献，嵌入投射的关注点可分为两大类：投射名词研究与投射嵌入小句研究。本部分先对"投射名词"相关文献进行考察。

"嵌入投射"有一个显著特征，其嵌入的中心语是"投射名词"，传统语言学称"概指名词"，该名词的特殊语义属性引起学界的研究兴趣，催生了从不同侧面进行的多维度、多路径研究（Benitez-Castro，2015；卫乃兴、张毓，2016）。不同的术语体现了不同的研究侧重与视角，如概指名词（Halliday & Hasan，2001）、第三类名词（Winter，1977，2015）、载体名词（Ivanic，1991）、标签词（Francis，1994）、外壳名词（shell nouns）（Schmid，2000）、元话语名词（姜峰，2019），等等。前人研究主要发现如下：

（1）投射名词有一定的语义特征（Winter，1977；Hunston & Francis，1996；Schmid，2000），其中，施密德（Schmid，2000）的观察较为系统全面，归为事实、语言、心理、情态、事件、环境六大类，在此进行简要介绍。

①事实类名词包括对事实或者事件的抽象状态概况，具体包括无倾向性的（如"thing、fact"）、因果类（如"reason、result"）、证据类（如"evidence、proof"）、对比类（如"difference、similarity"）、部分类（如"aspect、part、example"）和态度类（如"problem、advantage、irony"）。

②语言类名词按照话语行为分为命题类（如"news、rumour"）和言语行为类（如"statement、question、order"）。这类名词与言语投射动词密切相关。

③心理类名词按照心理状态进行划分，有置信类（如"belief、assumption"）、怀疑类（如"doubt、question"）、意愿类（如"wish、aim"）和情感类（如"fear、surprise"）。

④情态类名词基于各流派对情态意义的研究，划分为认识类（如"possibility、truth"）、义务类（如"permission、duty"）和动态类（如"ability、opportunity、tendency、destiny"）。

⑤事件类名词划分为概括事件类（如"event、change"）、具体事件类（如"attempt、tradition、option"）和态度事件类（如"trouble、success、mistake"）。

⑥环境类名词包括概括环境类（如"situation、position"）和具体环境类（如"place、time、way、condition"）等。

维尔加罗（Vergaro，2018）则对涉及言语行为的外壳名词（illocutionary shell nouns）进行专题研究，把言语行为外壳名词分为断言类（如"assertion"）、承诺类（如"threat"）、指示类（如"request"）、情感表达类（如"compliment"）和宣告类（如"benediction"）。研究目的是找出外壳名词的语义和补语小句（that-clause）意义之间的关联度和语义分布规律（参见 Vergaro & Schmid，2017）。例如"to do"不定式更加倾向于和意愿类意义的名词搭配。

从上文介绍可见，施密德（2000）对投射名词的理解比较宽泛，与投射意义有高度密切关联，但又和其他功能意义的名词产生联系，因此他采用了外壳名词（shell nouns）这个术语。其分类对投射意义，特别是事实投射意义的外延扩展有参考价值。但是施密德（2000）对各类名词的意义划分理论依据较为分散，且类别之间有些界限不清，如"problem"是事实类还是情态类？其依据是什么？有没有语法或者搭配的证据？这些都不太明确。

（2）投射名词有重要的语篇功能，实现回指和预指功能（Halliday & Hasan，1976；Schmid，2000），在学术英语中发挥重要作用，是学术语篇研究热点（Benitez-Castro & Thompson，2015；Aktas & Cortes，2008；娄宝翠，2013；陈丽丹，2015；刘芹、王心怡，2016；董敏，2017；孙海燕，

2017；张毓、卫乃兴，2017，2019；肖若琳、卫乃兴，2017；伍斌、胡志清，2018；陈胜男、胡志清，2018；刘珊，2019；Liu & Deng，2017；Gao & Zhang，2018；Dong et al，2020；Jiang & Hyland，2015，2017，2021；陈颖芳、马晓雷，2020）。另外，词典中的外壳名词也是研究热点（源可乐，2006；张宏、章宜华，2007；张雪梅、刘萍，2019；刘萍，2019）。

施密德（2000）识别出投射名词的三种语篇功能：信息焦点和话题化；联接功能；指示功能。施密德（2000）用以下的例子清晰说明三类语篇功能：

信息焦点和话题化

For a while there I was thinking, you know. I'm gonna write pop songs, dammit. And <u>that</u> was **a big mistake**，（MAGS）❶

联接功能

<u>Yet another theory suggests that the goal of the welfare state, within a society in which economic competition under capitalism dominates, must be to effect gradual reform</u>. **This Fabian approach** argues for...（BOOKS）

指示功能（跨段的话题衔接与转化）

It is one of the main market places for advertising children for whom local authorities are seeking long-term carers. It is a highly competitive business；<u>the supply of children far exceeds the pool of people prepared to provide them with a home and a family life</u>.

The problem was highlighted this week when a newspaper in Oxford published...（INDY, p. 10）

由于投射名词的语篇功能非常突出，其成为学术英语写作研究的重点

---

❶ 下划线代表话题化成分，加黑代表信息焦点成分。

关注对象。阿克塔斯和科尔特斯（Aktas & Cortes，2008）对比了科学家的公开发表文章和国际研究生的写作，发现学生更加倾向用投射名词，并且在使用模式方面存在差异。例如，公开发表文章里的"fact"常用于后指，学生用"fact"喜欢前指。公开发表文章更倾向使用投射名词临时形成概念（temporary concept-formation）。张毓、卫乃兴（2017）研究中国学者学术英语写作中概指名词（投射名词）的语篇功能，归纳出"情景—评价—依据"、"概述—具体"和"问题—解决"等语篇型式。方清明（2016）研究了汉语抽象名词的语篇照应功能，发现汉语的"这 + 量词 + 抽象名词"组合是主要表现形式，概述回指具有概括总结、改变篇章推进方向等语篇功能，下指语具有启后性、篇章管界、篇章衔接等语篇功能，与施密德（2000）的三个语篇功能形成呼应。但其观察出发点是形式标记，未对投射名词进行详细归类考察。

（3）投射名词的人际功能也是学者重点考察的对象。它首先涉及一些典型的评价型式语法（如：The surprising thing about chess is that computers can play it so well.）（Hunston & Sinclair，2000：109），有部分名词本身携带情态意义（如：possibility、need）（Halliday & Matthiessen，2014；Schmid，2000）。另外，在具体的语篇类型中，投射名词也承担起评价和价值立场建构的功能（Gao & Zhang，2018；Jiang & Hyland，2015，2017；Liu & Deng，2017；姜峰，2015）。姜峰（2015）基于学术论文语料库的观察，提出"本质、特征和关系"三分法，并在语篇功能之外探讨投射名词的人际功能。他认为外壳名词（投射名词）体现"作者对事物（件）本质的界定、对事物（件）性质的价值评判，而且能够体现外壳名词赋予作者表达构建立场的机会，以及作者如何通过立场表达与读者劝谏互动，因为作者对外壳名词的选择表达了其对物质信息和读者的立场"。也有学者考察对比科普文章和专业科学论文的外壳名词（"N-be-that"结构），发现科普文章的作者更倾向于做出显性评价（Liu & Deng，2017）。科普文章更多使用外壳名词实现认知确定性、新闻价值和主体性建构，而专业科学论文则利用外壳名词表达暂时性、客观性以及科学理性。这些研究表明投射名词在不同体裁中人际功能不同，而且更加具体突出，外壳名词在学术论文写作能力发展中也是一个观测点。

（4）投射名词具有重要的经验识解认知功能（也就是系统功能语言学中所说的概念功能）。投射名词是对小句所提供信息的范畴化与具象化，其意义需要通过语境激活，是人类范畴化感知能力的体现，所谓"载体""标签""外壳"由此认知属性得名（Ivanic，1991；Francis，1994；Schmid，2000）。施密德（2000）对外壳名词的认知功能提出三点观察：①概念区分功能，即把信息包装进入一个概念的功能，这样便于言语交际过程中的信息处理。②名物化（reifying）和实体化（hypostatizing）功能，这与系统功能语言学中的语法隐喻相呼应，即可以事件和信息打包压缩的功能。③概念整合功能（integrating），也就是把信息整合到名词中，赋予名词更多的整体意义。这一点与姜峰（2019）提出的"元话语名词"概念相呼应，是元话语研究的前沿研究方向。

（5）汉语界对"抽象名词"一直有关注（参见曹爽，2015；龙涛，2011；凌子惠、刘正光，2008），其中方清明（2014a，2014b，2016，2018a，2018b，2020）的研究比较深入，归纳出汉语抽象名词的音韵、语篇与型式语法特征，与英语的相关研究形成呼应，但是未对汉语的投射名词作专题讨论，投射名词一定是抽象名词，但是抽象名词不一定是投射名词（Benitez-Castro，2015）。

（6）最近出现部分学者从系统功能语言学的视角对外壳名词进行研究（Henshall，2015；Dong & Fang，2019；Dong et al，2020），与嵌入投射研究最为相关，在此重点介绍。亨肖尔（Henshall，2015）详细对比了系统功能语言学视角下的名词研究和外壳名词，指出外壳名词的本质是符号抽象化"semiotic abstraction"，对应系统功能语言学中的"投射名词"、"事实名词"和"评价名词"（projection nouns，fact nouns，evaluation nouns）。亨肖尔的研究有助于厘清外壳名词的功能与来源，对本书有很大启发，例如外壳名词的覆盖范围应该是大于投射名词的。但是需要注意的是，亨肖尔对系统功能语言学投射的概念理解比较狭窄，事实名词其实也涉及投射，属于事实投射，其中，评价名词也可视为人际投射的一种，因此嵌入投射和外壳名词之间的关系应该是非常密切的，此点在下一章具体说明。

董敏等（Dong & Fang，2019；Dong et al，2020）从语法隐喻的视角来理解外壳名词的经验识解功能。他们认为，外壳名词背后的认知机制是语法隐喻，是对建构小句的不同参与者类型成分的名物化结果，包括过程（process）、质量（quality）、环境（circumstances）、关系（relator）以及零成分（zero）转化为物体（entity）。值得注意的是，事实名词（如"fact""phenomenon"）实际是由零成分转换而来，不存在原来一致式的原型。基于语法隐喻理论，外壳名词变成了知识建构的标记，因此形成语篇体裁分析的重要视角。例如董敏等（2020）对比物理学和航空工程学的论文发现，物理学更加喜欢用"that"小句，建构中性的无偏向的客观知识，工科更喜欢用不定式结构（to do），带有祈使命令的情态意义。

从以上文献可见，嵌入投射名词端的研究构成各个语言学流派的研究热点，也是应用语言学对专门用途英语（特别是学术英语）研究的重要切入点。"外壳名词"概念的产出性最强，形成了大量研究文献，但是"外壳名词"到底如何界定，是纯粹句法理据还是型式构式理据（如"名词+后置修饰小句"构式）？其背后的语义和功能理据是什么？其和抽象名词本质区别在哪里？其分类有没有系统统一的标准？这些问题还没有很好的答案。而系统功能语言学的介入为外壳名词的阐释提供了非常好的理据，因为系统功能语言学是一个更加注重从语义去看语法的理论，其中投射概念和语法隐喻概念都很好地解释了外壳名词的本质。总体而言，"外壳名词"所覆盖的范围比"嵌入投射"大，但是二者在本质上基本重叠，这一点对本书所关注的"嵌入投射"有重要启示意义。

三、"嵌入投射"小句研究概况

由于"嵌入投射"不一定要出现"名词"作为中心语，而是以某种型式语法或者句构去体现（如"It is important that..." "It is said that..." "I am afraid that..."）。学界的关注点主要是一些比较特殊的句构，例如"It is +形容词+ that"的句法与功能是热点。这些研究为我们理解嵌入投射小句提供了重要的理论准备，其主要发现归纳如下：

（1）传统语法称为"外位结构"（extraposition）（Quirk et al，1985：1391-1399；Biber et al，1999：155），普遍的分析方法认为空语义的"It"替代了后面的"嵌入小句"，使得小句后移，实现小句置于末位信息焦点效果。例如：

　　（1a）<u>To hear him say that</u> surprised me.

　　（1b）It surprised me <u>to hear him say that</u>.

传统语法认为如例（1b）这种外位结构有两个主语，"it"是预指主语（anticipatory subject），其真正的主语"to hear him say that"被后置了，称为后置主语（postponed subject），例（1b）是由例（1a）衍生或者转换而来。

外位结构的本质对嵌入投射系统的理解至关重要，而其中预指主语"it"的语法性质和语义功能受到语言学界关注（Bolinger，1977；Kaltenbock，2003；王勇，2005）。博林格（Bolinger，1977）认为"it"在外位结构中相当于定冠词加概括名词（也就是外壳名词），如 the fact，the news。"it"是一个中性的有定名词性成分，在外位结构中存在一定的所指意义。类似地，卡尔顿波克（Kaltenbock，2003）认为不管是空语义的"it"还是指代功能的"it"，其本质上语义是相似的，都存在指代功能，就算是"It is cold"中，"it"指代此时此刻，在"How's it going?"中，"it"指代生活。由此得出结论，"it"的预指用法介乎虚指用法和实指用法之间，区别只是指代范围的广窄。

系统功能语言学以意义和功能为去向，采用直接成分分析法，从语篇功能角度把外位结构视为"强势主位结构"（黄国文，1996；孔乃卓，2002；苗兴伟，2007；王勇，2005，2011；田笋、苗兴伟，2011），从人际功能角度视其为"主位化评述结构"（Thompson，2004；张克定，2007），该结构为态度意义打开新的表达资源（Jones，1983：98；Herriman，2000），其句构是由语篇功能与评价功能共同驱动的，"it is"不是没有意义的，而是一种主位引发语（thematic build-up，见 Fawcett，2007）。也有学者从局部语法的视角，专门考察"it v-link ADJ that/to do"结构，考察其评价取向（刘国兵、王凡瑜，2019）。

（2）"强势主位结构"和"主位化评述结构"是从元功能角度去看

的，如果放在逻辑语义关系来看该结构，还是归属于"嵌入投射"。前人对"投射"各种结构已经进行大量深入的研究，如小句复合体（Halliday & Matthiessen，1999，2014；Matthiessen，1995；曾蕾，2000；曾蕾、梁红艳，2012），副词词组/介词短语（Halliday & Matthiessen，1999，2014；Matthiessen，1995）和语段（曾蕾，2016），但是对"嵌入投射"的关注相对欠缺。从嵌入投射的角度看，外位结构被纳入"事实投射"范畴中讨论。曾蕾、梁红艳（2012）以带有"事实"的小句为出发点，绘制了"事实投射"系统，其研究具有开拓性。在此理论框架下，外位结构属于关系过程小句的"人际隐喻"，实现客观情态和评价功能。

上述文献表明，"嵌入投射"的语义、句构与功能内涵丰富，获得语言学界各个流派的普遍关注，可以说是语言学理论的"试金石"。前人的主要贡献在于：

①投射名词的语义归纳较为全面；

②对句构和功能的描写比较深入；

③开创性地建构出"事实投射"系统网络。

但是，研究仍需从以下几方面推进：

①"嵌入投射"研究角度分散，缺乏全局考察的视角，未能把各种词汇语法表达资源统括一起讨论。

②系统功能语言学所提供的"投射"概念能够很好地解决全局考察问题，但是至今只有"事实投射"系统网络对相关现象进行部分归纳，从其他流派相关成果来看，该网络也有较大改进空间。

③"嵌入投射"作为一种语义概念，具备功能类型学的意义，前人的研究大多只聚焦英语，亟须继续推进英汉对比研究。因此，本书拟采取系统功能类型学视角，并结合各语言学流派的研究成果，为"嵌入投射"构建语义系统网络，统筹归纳相关语言现象，并基于语料库进行英汉对比研究。

四、总结

本章对投射语言的理论建构和语言对比、投射名词研究和嵌入投射小句研究分别作了较为全面系统的回顾，旨在发现前人研究欠缺之处，为嵌入投射的系统网络建构和英汉对比提供前期的理论准备。文献综述的主要发现有：首先，系统功能语言学内部对投射语言的研究方兴未艾，一直都是热点，对投射语言的系统网络建构是不同层次的，从词组、介词短语、小句、小句复合体到语段都有较为系统的研究，但是对嵌入投射的系统研究较少，发现较为零散。其次，学界比较关注嵌入投射涉及的名词研究，外壳名词这个术语影响力较大。将外壳名词和语法隐喻、投射、扩展等概念联系起来讨论，对嵌入投射的系统网络建构有较大启发意义。再次，嵌入投射的小句段研究主要是从句法形式发展为功能句构研究，嵌入投射对传统语法所说的外位结构有更加强大的解释力，而对预示功能"it"的分析也对嵌入投射的结构有很大启示。最后，嵌入投射的英汉对比研究仍未有专论，因此本书是这方面的重要推进。

第三章　研究框架：系统功能类型学

引　言

本书采取系统功能类型学视角对嵌入投射现象进行英汉对比研究。系统功能类型学（Systemic Functional Typology，SFT）是指在系统功能语言学视角下对单一语言进行描写或对多个语言进行对比研究，并基于系统功能语言学的理论范畴对语言整体的类型归纳。系统功能语言学作为一种适用语言学（Appliable Linguistics，Halliday，2008），被广泛应用于与语言实践相关的领域，如教育、医疗、新闻媒体、多模态语篇、翻译，等等。语言的类型学研究是其中的重要应用分支之一。

系统功能类型学的理论基础是系统功能语言学理论，其对语言的对比视角是基于系统功能语言学的重要理论假设和概念进行的，其中包括语言的元功能（metafunctions）、例示化（instantiation）、层次（stratification）、级阶（rank）、轴（axis）等观点。系统功能类型学从系统功能语言学理论的多个维度对语言系统与结构的相似性与差异性特征进行概括。与其他的类型学研究相比较，系统功能类型学主要有以下几个鲜明的特征：基于描写、以语篇为基础、注重语言系统、强调元功能和意义。首先，系统功能类型学把系统置于首位，结构由系统衍生而来，对个别语言的描写以系统而不是以结构作为出发点和目标。它对处于不同精密度上的次系统进行跨语言对比，并把语言次系统置于整个语言系统的环境之中，考察系统之间的联系。其次，系统功能类型学强调对语言三大元功能的描写，并认为从人际和语篇元功能进行描写可能有更多的收获。它旨在从功能的角度寻找语言共性与差异性的解释。总之，从系统和结构的角度来看，系统功能类型学是对语言次系统进行的跨语言对比研究，侧重语言系统的共性和个性的概括；从语言共性和个性的角度来看，系统功能类型学侧重语言的变异，注重概括语言的个性。这些视角是对传统类型学（例如 Greenberg，1966；Greenberg et al，1978）的重要补充。

卡弗拉尔等（Cafferal et al，2004）的论文集被普遍认为是系统功能类型学的发端，该文集阐释了系统功能类型学的研究理据和方法，提出系统功能语言学对类型学所作的贡献。国际上运用系统功能语言学进行语言描写的研究成果丰硕，姆温拉鲁和禤文辉（Mwinlaaru & Xuan，2016）对该领域的 130 多项文献进行统计，发现系统功能类型学已经覆盖近 40 种语言，18 个不同的语系。其中对汉语（21 项）、西班牙语（15 项）和日语（12项）的研究最多，相关研究可以参见该论文集文后列出的文献。

国内学者也日益关注系统功能类型学的理论与实践，探讨其核心概念、理论贡献以及语法描写范式，如辛志英和黄国文（2010）、王勇（2011）、王勇和徐杰（2011）、杨曙和常晨光（2013），王品（2022）等。总的来说，系统功能类型学的研究方法具备四大基本特征：基于真实语言、基于元功能意义考察、基于系统的轴线论证、基于级阶分析（Cafferal et al，2004：18–41）。下面具体说明。

一、基于真实语言

系统功能语言学一直强调对真实语言、语言事实的观察和描写，并基于语言事实概况提炼关于语言的一般理论（常晨光，2006；Chang，2020）。例如，我们正在着手描述一种语言，这是第一次被科学地描述。由于没有关于这种语言系统的现有描述的系统，我们的主要信息来源将是我们能够观察到的口语或者文本语料。我们能观察到的是作为文本的语言，作为在语境中运作的语言。我们所观察到的文本将是多种多样的，包括它们出现在什么语境中，它们是如何被组织起来的，它们是如何被使用的。我们所观察到的文本在其出现的背景、组织方式、长度等方面都会有很大的不同；而我们的任务是收集大量的文本，注意它们的语境，并确保我们纳入观察的语境符合我们的要求。这就好比我们在研究一个地区的气候，唯一的方法是收集每天的天气信息，以此来归纳气候。

系统功能语言学把语言事实和语言系统概况之间的关系用"示例化"这一概念来概括，并指出语言事实——每个语篇，实际上是语言系统的"示例"，就像了解一个物种，必须研究具体的动植物一样。每一个真实语篇就如"符号天气"，反映的语言系统则是"符号气候"，体现一个语言整体的意义潜势。而语言系统作为表达意义的资源，产生无数的语篇。语篇事实经常会出现一些有违逻辑推理的案例。例如罗斯（Ross，1970：235）指出在陈述句中使用"according to me"是不符合语法的，并提出了著名的假设：所有陈述句中都隐含来自深层结构施为句的第一人称意义，该第一人称的谓语动词是一个言语动词。根据笔者（陈树坤，2021）的研究，这个假设不符合语言事实，在 COCA 语料库中出现了"according to me"27例，见例（1）。

（1）According to me, I'm moral. Plus, according to me, I'm normal, which is not at all abnormal when you think about it, because everybody's default view is the view from inside their own skin.

系统功能语言学和语料库语言学研究是天然结合的（袁昌万等，2016；李忠华，2011）。在语料库中，形式和意义的分布统计形成概然率（probabilities），是语言系统特征的重要方面。示例化可以用概率的方式来说明：系统潜能中的术语将以一定的概率在文本中被实例化。所以说，例（1）中的"according to me"不是不符合语法，而是应该用概然率来说明，在英语语言系统中，"according to me"出现的概率非常低。

语篇和系统是语言示例化连续体的两极。介于这两极之间的是比具体语篇更抽象但比整体系统更具体的现象，可称为语域、语类、体裁、语篇类型等。语篇类型在抽象层面是语域，在具体层面是某类语篇的集合体。它们应该被看作界限模糊的范畴，而不是严格的分类。

作为语言的观察者，我们研究语篇的属性，并沿着示例化的路线超越文本，通过基于特定文本的推断，来描述文本类型或整个语言系统。这就是语料库语言学的方法：我们收集文本或文本摘录的样本，其范围之广足以代表某种语言。我们在多大程度上沿着示例化的路线是一个选择问题，观察的语料多大，是否依赖计算机、语料库软件进行自动统计，或是针对小范围的语篇进行更加精密的手动统计，都可以得出一个语言系统某方面的归纳描写。因此本书会基于大型语料库中的语言事实对"嵌入投射"的系统网络进行建构，并对其不同表现形式和英汉之间出现的概率差异作观察。

二、基于元功能意义考察

系统功能语言学认为，语言的功能最高层次的概括便是对经验世界的概括范畴化，还有与人的互动和对语篇信息的安排。三个方向对于理解语言现象是至关重要的。这三大功能被称为概念功能、人际功能和语篇功能，由于其有高度概括性，因而被称为"元功能"。从系统上看，这些"功能"与一组相互依赖的选择集群有关；从结构上看，它们与不同的实现模式（微粒、韵律和周期）有关。概括地说，它们与互补的意义模式有关，构成表意资源，解释我们对世界的经验，制定我们的社会关系以及塑造文本资源。

从结构特征来看，元功能是对其结构性质的预测。概念意义资源的语法结构是微粒特征的，它们将世界的经验识解为零碎的单元。这些颗粒可以被组织在轨道上，形成由核心、边缘和外围组成的配置。及物性系统所描写的结构便是参与者和环境成分围绕过程成分进行，过程成分是整个结构的核心。它们也被组织成序列，变成一连串相互依赖的步骤（逻辑意义）。

人际意义的语法结构是韵律性的。人际元功能主要通过语气系统和情态系统表达互动意义，交换信息和服务，而在个人意义的表达方面主要依赖评价资源实现。人际意义的实现方式是渗透式的。例如在"You can't

31

buy no cakes from no bakeshops no more"中，否定意义不断叠加增强渗透，没有严格的界限，渗透在整个小句当中。另外，评价意义也是韵律性的（Martin & White，2005；常晨光，2008）。

语篇意义的实现方式是周期性的。语言形成的信息流如波浪，有节奏。这种信息起伏在主位系统和新旧信息系统中得到了体现；主位的选择构建了说话人对信息出发点的考虑，通常落在小句开始部位，而新信息的选择则阐述了话语的要点，通常落在小句的末位。

系统功能类型学则强调对三大元功能实现方式的跨语言考察，例如传统语言学所说的主语，在系统功能语言学之下，是参与者？是发问的操作词？还是信息的出发点？不同语言有不同的侧重，英语的主语和操作词形成发问功能，实现人际意义，但汉语的主语更多是在"主题—评述"结构中去实现（Li & Thompson，1989），往往不是经验意义上的行为发出者。再如英文的"according to"作为投射环境成分，可以出现在句末，在信息上成为焦点，而汉语的"据……说"，基本上只出现在句首，是信息的出发点，这就产生了跨语言语篇功能上的差异。同时，汉语的"据……说"，对投射的性质是有所表示的，"说"代表了一种言语投射，英语的"according to"似乎未明确表明，在经验功能上也构成了差异。

三、基于系统的轴线论证

系统功能类型学注重"轴线论证"（王品，2022）。轴线关系指的是系统由结构实现的关系，其中包含横轴关系（syntagmatic）和纵轴关系（paradigmatic）。横轴关系指的是语法单位如何组合成句，纵轴关系则是指语言实现功能的系统选择，结构实际上是由系统选择衍生出来的。系统功能语言学强调的是对纵轴的描写，即系统网络的归纳。

系统功能语法中的"结构"与功能意义是天然对应的，即用其功能对语法结构成分进行命名，而不是用传统语法的类别概念。由功能构成的语言单位被称为结构，由类别组成的语言单位被称为组合（syntagm）。功能和类别之间不具有对应关系。

以英语的语气系统为例，我们看到的是人类如何用语言来进行信息交换（给予信息和获取信息）。如图 3.1 所示（修改自 Haliday & Matthiessen，2014：24），英语的小句在语气系统上可以选择"祈使"（imperative）和"直陈"（indicative），方框里面是实现其选择的语法结构，是由人际意义的功能标签标注的，如"陈述"（declarative）的实现是"主语＾限定成分 Subject＾Finite"。这里主语和限定成分都是功能标签，组合标签会用名词词组、动词词组等去说明。

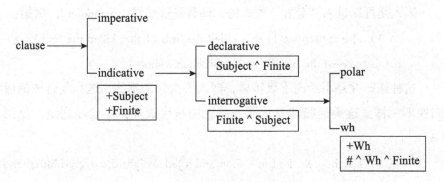

图 3.1 英语的语气系统

从跨语言对比的角度看，纵轴的系统网络可能会出现差异，即在功能上可能会出现更多的选项，或者更加精密的选择，同时在实现方式上可能会有不同的结构，无论是功能标签上还是组合标签上，都可以考察其差异。

四、基于级阶分析

级阶主要是指语言组合单位的大小。在系统功能语言学中，级阶又是由系统性和结构性的观点所决定的。从系统的角度来看，和元功能一样，级阶也是相互依存的特征的集群。但是这集群与意义的模式关系不大，而更多地与意义的实现程度和递归的可能性相关。递归与语法的微粒组织有关，这些微粒组织按大小层次分为小句、词组和短语。在某些语言中还有形态变化、语素。级阶构成"整体与部分"的关系，上一级阶的语法单位由下一级阶的语法单位组合构成，例如小句由词组和短语构成，词组由词构成。

与本书最密切相关的两个级阶组合概念需要特别注意区分，复合体（complexing）和嵌入（embedding）。在嵌入中，一个来自相同或更高级阶层次的语法单元作为某个单元的内部成分发挥作用。因此，在下面的例（2）中，"I want"小句作为名词的修饰语（[[ ]]表示嵌入小句）。

（2）That cake's the one [[I want]].

嵌入是可以进入"套娃"模式的，即具备递归性（incursion），例如：

（3）The apprentice [[that killed the Sith [[that killed the Jedi knight [[that discovered the boy [[who worked in a shop]]]]]]]] ...

这种递归性是不断向下级转移，嵌入层次越来越深，这和复合体的递归性不一样。这类递归涉及从同一系统中迭代选择，形成序列链，见例（4）。

（4）The boy worked in a shop and a Jedi knight discovered him; and then the knight was killed by a Sith and was in turn killed by the knight's apprentice...

从类型学的角度看，级阶的行为模式会在不同语言上造成差异。例如汉语的小句是可以直接嵌入成为介词的宾语的，及物性上属于范围成分，如"据他解释说"。英语小句在嵌入时需要有屈折变化，因此"according to what he said"的出现频率大大低于"according to him"。

五、总结

本章对系统功能类型学的语言描写范式和跨语言对比方法进行了介绍，重点突出了基于真实语言、基于元功能意义考察、基于系统轴线论证、基于级阶分析四个和本研究密切相关的方法特征。基于这些基本方法理念，本书在文献研究的基础上，主要采取定性分析的方法。首先基于语料库观察，然后从功能的角度阐释语言现象，属于研究方法中的探究与阐释范式。对英汉"嵌入投射"系统的描写从系统功能语言学理论的多个维度展开，利用COCA语料库以及北京语言大学开发的汉语语料库（BCC）进行语料检索，同时，分析主要参考以系统功能语法为理论框架撰写的语法著作和其他语言学流派的相关研究文献资料。具体涉及的方法包括：

（1）理论思辨与质性分析归纳法。该方法主要在嵌入投射语义系统网络建构阶段，通过对系统功能语言学和其他语言学流派的观察与思辨，建构出初步的语义系统网络。

（2）语料库方法。通过大型语料库的索引行对系统网络的理论合理性进行检验。

（3）量化分析法。通过大型语料库抽样文本，对嵌入投射的分布规律进行量化统计，以此观察英汉语言的系统差异，以弥补质性分析的缺漏。

基于系统功能类型学的研究范式（王勇、徐杰，2011；辛志英、黄国文，2010），并参照其他语言学的相关研究成果，本书提出以下总体研究的内容框架。

（1）"嵌入投射"的语义系统网络建构。本书根据系统功能语言学（SFL）的定义和相关文献，以及对语料库的观察，初步构建经验功能系统网络。首先，本书考察嵌入投射是否在构建名词和及物性配置中发挥作用，这有助于我们理解语言如何通过嵌入结构来组织信息和表达意义。其次，本书探索人际功能系统网络，重点放在嵌入投射小句的评价意义和动因上，以揭示语言如何表达态度和评估。最后，本书还从语篇功能角度观察嵌入投射，特别是嵌入投射中的主位和述位的分布规律，以及它们之间的系统选择关系，这有助于我们了解语言如何在篇章层面上构建连贯和结构。通过这些分析，我们能够更全面地理解嵌入投射的功能性和结构性。

（2）"嵌入投射"经验功能的英汉对比研究。基于第一步的语义系统网络建构，英汉对比研究有基础出发点，同时可以反过来对系统网络进行验证。这一部分的研究将以大型语料库为数据观察来源，以常见的投射过程动词为导向，观察这些动词在具体语篇中如何被名物化，并观察投射信息作为嵌入小句的句法行为特征，进行英汉的共性与差异的对比。

（3）"嵌入投射"人际功能的英汉对比研究。人际功能以系统功能语言学的评价理论（Martin & White，2005）为基础进一步构建语义系统网络，把"嵌入投射"的评价动因分为反应（reaction）、构成（composition）和评估（valuation）。在此网络基础上对大型语料库中的分布规律进行考察，挖掘英汉"嵌入投射"在评价意义表达方面的共性与差异。

（4）"嵌入投射"语篇功能的英汉对比研究。语篇功能考察的落脚点在于观察"嵌入小句"出现的小句位置，通过大型语料库分析"嵌入小句"在主位和述位的出现频率，结合其语篇功能进行深入描写和解释，揭示英汉"嵌入投射"在语篇意义实现方式的共性和差异。

（5）"嵌入投射"的类型学参数总结。通过以上四部分的研究，从英汉对比的角度对"嵌入投射"所涉及的类型学参数进行总结，例如基于数据归纳出"嵌入小句的语序""概指名词的显隐""一个语言更倾向于选择嵌入小句还是小句之间的语篇衔接"等问题，为多语言对比研究奠定理论基础。

第四章 "嵌入投射"系统网络建构

引　言

系统功能语言学用"投射"这一概念来讨论人类语言如何表达所说所想，其他语言学流派对应的概念有"报道语""转述语""言据性"等。投射是一个极其复杂的语言现象，是句法分析、话语分析、类型学、文学、哲学等领域的重要交汇点。其中"嵌入投射"是指"所说所想的信息"作为小句，嵌入或级转移至一个名词短语结构之中，例如（Halliday & Matthiessen，2014）：

（1a）He's trapped by the fact [[that the river flows south]].

（1b）and there is evidence [[that the ozone hole is enlarging and spreading]].

（1c）It is clear [[that the Princess and her husband are settling down in London]].

（1d）Leaders of both a publically-funded project and a competing private company issued statements Friday [[that they jointly would announce the status of their work on Monday]].

"[[…]]"中的小句都属于嵌入投射现象，但其出现的语法环境略有不同。例（1a）中的小句"that the river flows south"级转移做事实名词"fact"的修饰语，出现在物质过程小句中。例（1b）的小句"that the ozone hole is enlarging and spreading"则修饰"evidence",出现在关系过程小句(存在句)中。例(1c)中的小句"that the Princess and her husband are settling down in London"未修饰任何名词,而是出现在关系过程小句"It is clear"后面,独立构成名词词组,与"It"一起做"载体"(Carrier),传统语法称为"外位结构"(extraposition)。例(1d)中的小句所修饰的名词"statements"属于言语名词,其整体出现在物质过程小句之中。可见,"嵌入投射"的语法形式是一个小句降级成为一个名词词组或者名词词组的一部分(后修饰语,qualifier),而投射意义的判断则要结合其所修饰的名词或者小句所实现的功能意义来确定。此类嵌入投射现象的语义、句构与功能内涵丰富,获得语言学界各个流派的普遍关注,可以说是语言学理论的"试金石"。有关注其中的名词意义的,但侧重点不同,术语不同,其内涵与外延有一定重叠,如概指名词(Halliday & Hasan,1976)、第三类名词(Winter,1977,2015)、载体名词(Ivanic,1991)、标签词(Francis,1994)、外壳名词(shell nouns)(Schmid,2000)、元话语名词(姜峰,2019),等等。也有关注其句法功能的(如 Quirk et al,1985:1391-1399;Biber et al,1999:155;Bolinger,1977;Kaltenbock,2003;黄国文,1996;苗兴伟,2007;王勇,2011)。但是这些研究未能从意义潜势(meaning potential)整体对"嵌入投射"现象进行归纳。

在系统功能语言学内部,投射语言研究是热点,前人对"投射"各种结构已经进行大量深入的研究,如小句复合体(Halliday & Matthiessen,1999,2014;Matthiessen,1995;曾蕾,2000;曾蕾、梁红艳,2012),副词词组 / 介词短语(Halliday & Matthiessen,1999,2014;Matthiessen,1995;陈树坤,2015,2018,2018,2021;陈树坤、刘萱,2020)和语段(曾蕾,2016),但是对"嵌入投射"的关注相对欠缺。其中外位结构被纳入"事实投射"范畴中讨论(Halliday & Matthiessen,2014;Thompson,2014;曾蕾、梁红艳,2012;王根莲,2014)。曾蕾、梁红艳(2012)以带有"事实"的小句为出发点,绘制了"事实投射"系统,是开拓性的研究。但"事实"投射只是"嵌入投射"的其中一种子类别,并且其系统网络的建构理据过度依赖小句过程类别的外部环境,有继续推进完善的空间。基于此，本章拟首先回顾一下相关的研究，然后基于系统功能语言学的逻辑语义系统，建构嵌入投射的系统网络。

一、从小句复合体系统到嵌入系统

"嵌入"（embedding）所描写的是小句与小句之间的关系，是小句降级成为另一个小句中的成分。小句复合体也是描写小句与小句之间的关系，复合体（complexing）是指两个小句在级阶（rank）上是平等关系，未发生级转移。因此要建构嵌入投射的系统网络，首先要了解小句复合体系统网络的本质属性和建构理据。

系统功能语言学是从逻辑语义关系来看待两个小句之间的关系的。韩礼德和麦蒂森（1999）从语义角度指出，小句构建的是构型（figure），小句成分构建的是元素（element），而小句复合体构建的是序列（sequence），是一种词汇语法和语义之间的自然对应关系。构型所表征的是人类经验中的事件，事件包括过程、参与者、环境等元素。事件可以是物理世界现象，也可以是人类的心理世界现象，或者人类语言表征的现象。物理世界的现象处于一级现实（first order reality），言语心理表征出来的现象则处于二级现实（second order reality）。那么相应地，构型之间则呈现出两种语义关系，即扩展（expansion）和投射（projection）。在扩展关系中，一个构型是另外一个构型的添加，但两个构型所表征的事件仍然处于一级现实中。在投射关系中，一个构型是另外一个构型的投射结果，使其成为符号现象，处于二级现实。对比以下两例：

（2a）He spoke, and then he left.

（2b）He said "I'll leave".

在例（2a）中，两个小句所识解的构型都是一级现实的现象，第二个小句"he left"是第一个小句的添加，以时间先后的逻辑复合。在例（2b）中，小句"He said"是处于一级现实的现象，是一个言语过程事件，而第二个小句"I'll leave"是言语过程触发的事件，即用语言表征的语言再表征的事件，处于二级现实，属于"元现象"（metaphenomenon）。因此，从两个构型之间所处的现实层级关系的不一样，区分出"扩展"和"投射"两种序列关系。

拓展和投射属于两个小句之间的"逻辑语义关系"（logico-semantic relation），韩礼德和麦蒂森（2014）还定义另一种关系：依从关系（taxis），以描写两个小句之间的相互依赖关系。如果两个小句之间语义上相互独立，关系平等，则属于并列关系（parataxis），其依据是从人际意义去考察其能否成为独立命题（proposition）。例如：

（3a）Kukul crouched low to the ground and moved slowly.

（3b）Kukul crouched low to the ground, didn't he? And he moved slowly, didn't he?

我们可以对例（3a）中的两个小句分别以"didn't he?"发问［见例（3b）］，以测试两个小句语义上的独立地位。如果两个小句在命题意义上无法独立，则属于从属关系（hypotaxis），见下面两例：

（4a）As he came to a thicket, he heard the faint rustling of leaves.

（4b）*As he came to a thicket, didn't he, he heard the faint rustling of leaves.

在例（4a）中的"As he came to a thicket"无法发问，只能针对第二个小句发问，因此第二个小句是主句，第一个小句是从属于第二个小句的。

同理，投射小句复合体也存在并列和从属两种依存关系。例如：

（5a）Brutus thought, 'Caesar is ambitious'.

（5b）Brutus thought that Caesar was ambitious.

例（5a）的两个小句是并列关系，因为被投射的小句"Caesar is ambitious"是直接引用，可独立出现，语法上也未依赖心理过程小句"Brutus thought"。而例（5b）的被投射小句"Caesar was ambitious"从属于"Brutus thought"，时态和人称等方面受制于投射小句。基于以上观察，韩礼德和麦蒂森（2014：438）构建出小句复合体系统网络，如图4.1所示。其中"RECURSION"代表递归，指小句在逻辑语义上的循环（如"He said that Tom said that Jack said that..."），这里不再赘述。

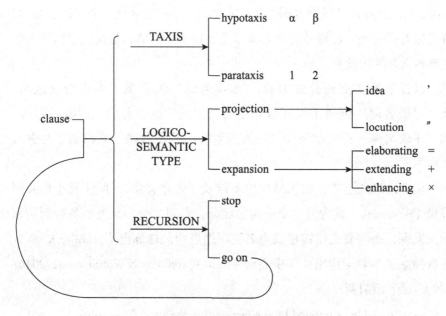

图 4.1 小句复合体系统网络

从小句复合体系统网络的构建逻辑中可以看到两个基本的入口条件（entry condition）：逻辑语义类型（logico-semantic type）和依存关系（taxis）。前者是语义区分，后者更多的是语法形式上的互动。以同样的逻辑应用至嵌入系统网络的建构，先建构逻辑语义类型，出现两种选择：嵌入投射（embedded projection）和嵌入扩展（embedded expansion）。两种逻辑语义类型的区分以语义为导向，即观察小句所嵌入的名词词组中心语的语义特征。能进入嵌入结构的名词一般都是抽象名词或概指名词（Benitez-Castro，2015；Halliday & Hasan，2001；卫乃兴、张毓，2016）。其中施密德（2000）的外壳名词（shell nouns）概念较为系统全面地描写了该语言现象，把外壳名词分为事实、语言、心理、情态、事件、环境六大类。但其分类理据不清晰，有些类别出现明显重叠，如"problem"按其标准既可以属于事实类也可以属于情态类。姜峰（2015，2016，2019）把外壳名词视为"元话语名词"，以功能为理据，把其分为"本质、特征、关系"三大类，语义界限更加清晰可操作。亨肖尔（2015）从系统功能语言学的角度去研究外壳名词，发现外壳名词的本质实际上是符号抽象（semiotic abstraction），指出"投射名词"、"事实名词"、"扩展名词"和"评价名词"皆可做外壳名词，使得外壳名词具备了逻辑语义基础，是我们建构嵌入的逻辑语义系统出发点。

以投射和扩展两分法来看，"事实名词"其实属于事实投射范畴，而"评价名词"则属于人际投射范畴，因此"投射名词"、"事实名词"和"评价名词"都可归属于"嵌入投射"，"扩展名词"则归属于"嵌入扩展"。

从语法形式上看，嵌入结构中不涉及"依存关系"，但涉及小句如何降级（downrank）成为另一个小句的成分。综观文献中提及的各种例句和构式发现，小句要么级转移成为名词词组里面的修饰语（qualifier），要么自身独立成为名词词组，作中心语（head）（Halliday & Matthiessen, 2014：549）。见下面两例：

（6a）He's trapped by the fact [[that the river flows south]].

（6b）It is clear [[that the Princess and her husband are settling down in London]].

例（6a）中的小句 "that the river flows south" 降级成为名词词组作为后置修饰语修饰事实名词 "the fact"。例（6b）中的小句 "that the Princess and her husband are settling down in London" 是独立完成名词化的过程，自身就是名词词组的中心语。作为修饰语成分的时候，中心语对后置修饰语成分有语义范畴化的功能，例如事实名词 "the fact" 把修饰语小句 "that the river flows south" 认定为一个事实。相比之下，独立完成名词化的小句未明显有一个抽象名词对其进行范畴化。因此，我们从经验功能上，为该系统选择命名为"范畴化"（categorization）。

另外，根据系统功能语言学的级阶理论，介词短语是"缩小"的小句，即介词从经验功能上相当于一个次过程（minor process），介词后的名词词组分析为范围成分（range），例如 "That's a very complicated question [about life, the universe, and everything]" 中，介词 "about" 属于次过程，"life, the universe, and everything" 是范围成分，整个介词短语嵌入名词词组作中心语 "question" 的修饰语。系统功能语言学认为介词短语在及物性分析上被识解为环境成分（circumstance），"about"是构成投射环境成分中的内容成分（matter）的典型介词（陈树坤、刘萱，2020）。介词短语作为后置修饰语同样属于级转移（rankshifted），降阶成为名词词组的修饰成分，因此也构成嵌入关系。

小句降阶会出现两个系统选项，即可选择使用限定性小句（finite clause）或者非限定性小句（non-finite clause），例如"the fact［［that the river flows south］］"中的"that 小句"属于限定性小句，而"the decision［［to take some time off from training］］"中的"to do 小句"属于非限定性小句。请注意这里都是以投射逻辑语义关系举例，小句和介词短语同样可出现在"扩展"逻辑语义类型之中，其语法体现形式和逻辑语义类型之间的关系也存在跨语言差异，拟另文探讨。基于以上讨论，我们构建出嵌入系统网络的初步选择（见图 4.2）。

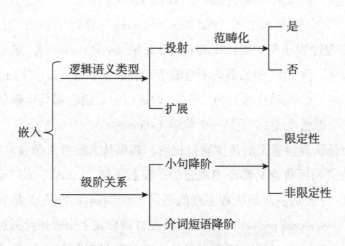

图 4.2　嵌入系统网络的初步选择

二、"嵌入投射"系统网络建构

在第二部分的嵌入系统网络建构的基础上，本部分尝试对嵌入投射的意义潜势进行探讨。在小句复合体系统中，投射分为思想（idea）和言语（locution）两类，其分类依据主要是投射小句的过程类型，即看其是心理过程还是言语过程。在嵌入系统中，投射同样可以分为思想和言语，其判断依据是名词词组的中心语。这里的名词实际上涉及的是心理过程和言语过程的名物化，系统功能语言学用语法隐喻解释此类现象（关于语法隐喻，参见 Xuan & Chen，2019 的综述）。同时，也有学者主张外壳名词实际上都是语法隐喻的结果（Henshall，2015；Dong & Fang，2019；Dong et al, 2020）。由此我们按照小句复合体系统先得出两种嵌入投射类型：思想和言语。

［嵌入：投射：范畴化：是：思想］

［级阶关系：小句降阶：限定性］（下面级阶关系都作此选择，不再重复列出）

（7）the idea [[that he would come]]

［嵌入：投射：范畴化：是：言语］

（8）the statement [[that he would come]]

例（7）中的嵌入小句"that he would come"修饰中心语"the idea"，其源于心理过程小句（如："I thought that he would come"），属于语法隐喻。类似地，例（8）中的名词词组源于言语过程小句（如："I said that he would come"）。范畴化参数为"是"，即通过中心语名词具体确认了嵌入小句是一个思想（idea）或是一个言语（statement）。

以上是从经验意义的角度看待投射，如果从人际意义角度看待投射，则情态意义和评价意义都是主观想法的投射（如"I think"是"probably"的隐喻式）。表达主观想法和态度的名词（如"possibility"）是一种非人称投射（impersonal projection），因为其在言语形式上未表征投射过程和投射来源，主观心理过程是隐含意义。由于这种投射最典型的形式是"the fact that"，系统功能语言学将其归类为"事实投射"。笔者认为，事实投射实际上是情态意义的特殊表达，即说话人主观上认定该信息的情态值为最高，达到事实状态。由于嵌入系统网络是基于概念意义（逻辑意义和经验意义）构建的，涉及评价意义的事实投射不在此网络中描写，以免产生逻辑混乱，评价意义可由评价系统（参照 Martin & White，2005）进行描写。

［嵌入：投射：范畴化：是：事实］

（9a）the fact [[that he came]]

（9b）the possibility [[that he would come]]

例（9a）中，嵌入小句"that he came"通过中心语"the fact"确认为一个事实。例（9b）中，嵌入小句"that he would come"通过中心语"the possibility"确定为一种可能，都表达了说话者对嵌入小句信息的主观态度。

以上的系统选择都是通过名词词组的中心语语义特征去确认，即在范畴化系统中选择了"是"，实现方式为"中心语＾修饰语"，对嵌入小句信息进行了范畴化界定。当嵌入投射选择了范畴化，整个名词词组可作为参与者（participant）出现在不同过程类型的小句当中，其系统选择比较开放，因此我们不继续探讨下一步的系统选项。但是，如果范畴化系统中选择"否"，情况则完全不一样，整个系统网络选择进入相对封闭的状态。

当范畴化中选择"否"，即小句直接成为中心语，或者成为预指主语"it"的后置修饰语（实际上"it"预指的就是嵌入小句），则默认其为一个中性的事实投射（未给该嵌入小句以任何明确的范畴界定）。这时候事实投射的状态需要通过其出现的小句环境确定，系统功能语言学称为事实小句（fact clause）。根据韩礼德和麦蒂森（2014），曾蕾、梁红艳（2012）对事实投射的观察，独立的作为中心语的事实小句往往出现在心理过程小句、言语过程小句和关系过程小句中。在心理过程小句中，事实小句识解为现象（phenomenon），更具体地说是元现象（metaphenomenon）（Halliday & Matthiessen，2014：251）。

［嵌入：投射：范畴化：否：元现象］

（10a）Mark Antony regretted [[that Caesar was dead]].

（10b）He saw [[the sand dredger heading for the cruiser]].

例（10a）和例（10b）中的事实小句识解为心理过程"regretted"和"saw"的元现象。在关系过程小句中，事实小句识解为属性（attribute）或者载体（carrier）。

在言语过程小句中，事实小句识解为话语内容成分（verbiage）［见例

（11）］（Halliday & Matthiessen，2014：545）。

　　［嵌入：投射：范畴化：否：话语内容］

　　（11）I admit [[I once had doubts about you]] .

　　［嵌入：投射：范畴化：否：属性］

　　（12）I'm very distressed [[that you failed]] .

　　［嵌入：投射：范畴化：否：载体］

　　（13）It's a great pity [[that you failed]] .

　　在例（12）中，事实小句"that you failed"与"very distressed"一起识解为"属性"，描述载体"I"的心理状态。例（13）中，事实小句"that you failed"是"It"的后置修饰语，一起识解为"载体"，其属性是"a great pity"。

　　在识别关系过程小句中，事实小句通常识解为标记（token）（曾蕾、梁红艳，2012），其系统选择为：

　　［嵌入：投射：范畴化：否：标记］

　　（14）My belief is [[that old Christian churches served as clarifying machines]].

　　例（14）中整个小句为识别关系过程小句（identifying relational clause），"My belief"是价值（value），事实小句"that old Christian churches served as clarifying machines"充当标记。

　　需要注意的是，除了事实投射，言语和思想也存在选择非范畴化的情况，即以"it"预指嵌入小句形成的结构，举例：

　　［嵌入：投射：范畴化：否：言语］

　　（15）It is said [[that you failed]] .

　　［嵌入：投射：范畴化：否：思想］

　　（16）It is thought [[that you failed]] .

　　例（15）中，"It"和嵌入小句"that you failed"共同识解为话语内容。类似地，例（16）中的"It"和嵌入小句共同识解为现象。

　　至此，我们梳理出嵌入投射在范畴化与非范畴化下的系统选择，如图4.3 所示。

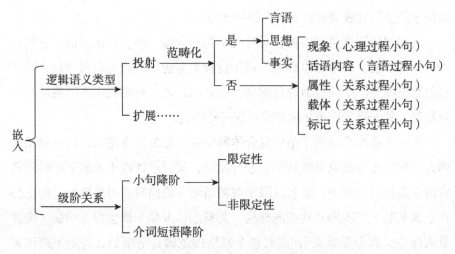

图 4.3 嵌入投射系统网络

本节的嵌入投射系统网络建构是基于对嵌入系统的整体考察，即嵌入有逻辑语义类型与范畴化两个基本进入条件。范畴化指是否选择用一个名词作为中心语，对嵌入小句进行语义界定，小句作为名词词组的后置修饰语。非范畴化则指嵌入小句独立成为名词词组中心语，或者在英语中，与"it"共同识解为小句中特定参与者成分。而逻辑语义类型方面，投射可分为言语、思想和事实三种类型。嵌入扩展的系统网络并非本书的研究范围，拟另文讨论。

三、总结

本章从系统功能语言学经典的小句复合体系统网络出发，分析其逻辑语义类型和依存关系的进入条件建构逻辑，并基于其逻辑对嵌入系统网络进行初步建构，把嵌入系统分为逻辑语义类型和范畴化两个进入条件。其中范畴化确立嵌入的基本结构，即是否使用名词中心语对嵌入小句的语义性质进行确认，确认名词中心语后，修饰语有两个系统选项：构型修饰语（体现为嵌入小句）或者环境修饰语（体现为嵌入介词短语）。如果嵌入小句独立构成名词词组，则在意义上未对小句进行确认，需要从特定的小句类型中的参与者成分确认其嵌入投射地位。

而在逻辑语义类型方面，与投射小句复合体一样，存在言语、思想和事实三种投射，言语和思想通过相关过程类型的语法隐喻机制确认，事实投射是指没有明确的投射过程类型和投射源，是一种主观态度的隐性的人际投射，其人际评价意义由评价系统另外描述。

该嵌入系统网络基于小句复合体网络进行思辨推理建构，同时也结合前人文献的相关研究发现和例句进行探索，其局限性在于未基于语料库真实语言案例进行论证，而且仅限于对英语语言的描写。但是该网络的优势在于其是基于逻辑语义功能的建构，其概念也聚焦于概念意义功能（未涉及人际意义和语篇意义），因此整个网络的逻辑是清晰的，可用于跨语言对比的，下一章将基于该系统网络进行英汉语言对比。

第五章 "嵌入投射"概念功能
英汉对比研究

引　言

投射是一个语义域（semantic domain），其词汇语法实现方式是跨越语言层次的，从词组、附加语（陈树坤，2015）、介词短语（陈树坤、刘萱，2020；陈树坤，2021）到小句（齐曦，2009）、小句复合体（曾蕾，2000；廖益清，2006；曾蕾、梁红艳，2019）、语段（曾蕾，2016）和语篇（于晖，2009），均可以从投射意义的角度进行语言结构关系的描写（参见Halliday & Matthiessen，2014）。由于投射语言实现方式的多样性，许多学者进行了投射的跨语言对比研究（如 Arús-Hita et al，2018）。国内有学者专门做投射语言的英汉对比（杨国文，2017；曾蕾、梁红艳，2019；陈树坤，2017，2020，2021）。曾蕾、梁红艳（2019）从三大元功能的角度对英汉投射语言进行了全面的对比，但其中对嵌入投射的对比只是一笔带过，有进一步深入的空间。陈树坤（2020，2021）的对比研究主要集中在介词短语、附加语和连词层面，仍未涉及嵌入投射。因此，本章拟基于上一章提出的嵌入系统网络，对英汉语的嵌入投射的概念功能进行对比。

一、理论背景：概念功能

系统功能语言学的一个核心假设是语言之所以形成如此复杂的词汇语法体系，是因为其服务于三大元功能：概念功能、人际功能和语篇功能。概念功能帮助人类理解世界，是人类对于这个世界经验在语言中的映射，或者说语言帮助人类在认知这个世界中建模，为这个世界的万事万物进行范畴化，建立逻辑关联。概念功能又分为经验功能和逻辑功能，前者反映的是人类对这个世界如何运行变化的理解（experience of change），后者反映的是对事物之间的逻辑关系的理解。经验功能在词汇语法中以"及物性系统"（transitivity）去实现，即围绕各类事件的过程类型的参与者配置形成的小句语法结构，是一种"卫星环绕型"结构，各种参与者成分像卫星一样，环绕着过程成分。由于研究视角和侧重点不同，不同学者对不同过程类型和参与者成分的配置有不同的分类方法，如系统功能语言学的加的夫模式（黄国文等，2008；何伟、高生文，2011；Fawcett，2013；）以及后续何伟团队的进一步发展（何伟等，2015），但本质上都是对这个世界变化的经验语法。

如图 5.1 所示，这个世界的变化过程无非三种：抽象关系世界、物理世界和心理世界，而对应的过程类型是：存在过程（existential）、关系过程（relational）、言语过程（verbal）、心理过程（mental）、行为过程（behavioural）和物质过程（material）。围绕这六大过程类型有不同的参与者成分配置（见表 5.1）。这种以意义为取向的语法成分分析特别适合跨语言的对比分析，可以考察不同语言如何采取不同的词汇语法策略去建构相同的经验意义。对汉语小句的及物性结构分析，参见龙日金、彭宣维（2012）和何伟等（2016）的研究和相关综述，其实与英语的及物性结构有一定差异，但是不影响本书所涉及的语言现象描写，故不再赘述。

图 5.1 经验语法：英语的过程类型（Halliday & Matthiessen，2014：216）

表 5.1 过程类型、内涵和典型参与者

过程类型	内涵	参与者（直接参与）	参与者（间接参与）
物质过程： 行动 事件	做 做 发生	动作者，目标	接收者；客户；范围； 发动者；属性
行为过程	表达情感行为	行为者	行为
心理过程： 感观 认知 需求 情感	感知 看见 思考 想要 感觉	感知者，现象	煽动者
言语过程	说	说话者，目标	接收者；言语内容
关系过程： 属性 识别	是 赋予属性 识别	载体，属性 被识别，识别；标识，价值	属性赋予者；受益者 价值赋予者
存在过程	存在	存在物	

概念功能的另一个功能是逻辑语义功能,即理解事物之间的依存(taxis)和逻辑语义关系(logico-semantic types)。依存关系用于描述语法成分之间的相互独立关系,逻辑语义则主要描述语法成分所构建的现实层次关系,一级现实代表语言直接表征的事件,二级现实代表语言表征的语言所表征的世界(言语思想中的世界,表征语言的语言)。根据这个系统建构逻辑,本书第四章建构了"嵌入系统网络",其中对"嵌入投射"进行更加精密的系统选项描述。

本书基于"嵌入投射"系统网络,找出相关语义功能的英语典型表达,用翻译对等思维找出汉语的典型关键词,在 BCC 汉语语料库中进行搜索,分析例句和索引行,观察汉语的嵌入投射表达的特征以及与英语的共性。BCC 汉语语料库可通过网站 http://bcc.blcu.edu.cn/ 进入,其总字数约 95 亿 / 字,包括:报刊(20 亿 / 字)、文学(30 亿 / 字)、综合(19 亿 / 字)、古汉语(20 亿 / 字)和对话(6 亿 / 字,来自微博和影视字幕)等多领域语料,是可以全面反映当今社会语言生活的大规模语料库。本研究主要关注报刊语料库,古汉语语料主要用于历时语言演变分析,不在本书的研究范围内。

本章的另外一个重要的系统功能语言学概念是语法隐喻。韩礼德在《功能语法导论》中提出了语法隐喻(Grammatical Metaphor)的概念。语法隐喻的概念指的是"一个语义选择的另一种词汇语法实现"(1985:55)。与词汇或概念隐喻不同的是,在词汇或概念隐喻中,某个词汇的实现(一个词或短语)有一个替代的意义,而语法隐喻说明了一个给定的意义可以用各种方式的不同表达式。与词汇隐喻一样,语法隐喻的突出特点是不一致性(incongruency),即一种非典型的或标志性的表达方式。根据韩礼德(1994:366)的说法,对于语法隐喻来说,"句子结构配置的某些方面,无论是其表意功能还是其人际功能,或者两者都是如此,在某种程度上都不同于通过最短路径得出的结构配置。语法隐喻不是或者最初不是最直接的表达"。如表 5.2 所示,语法隐喻将信息装入一个小句中,而典型的或一致式的表达需要多个小句。表 5.2 中的例子显示出,名词词组是动词名物化的结果(如"reliance""ability""conversation"来自

"relay""able""converse"）等，本来最直接的语义选择路径应该是小句的过程，语法隐喻表达则变成了参与者成分。

表 5.2　语法隐喻与一致式表达

隐喻式：信息打包成一个小句	一致式表达：信息分解为几个小句
Furthermore, **reliance on scripted spoken texts** retards **students' ability** to interact in **the unscripted world of conversation** outside the classroom.	（1）Furthermore, as students rely on scripted spoken texts,（2）they become less able to interact outside the classroom,（3）where people in the world converse without a script.

注：粗体字表示名物化的小句。

　　语法隐喻所表达的语义选择的复杂的词法实现，塑造了语言使用者的思维方式和认知方式。语法隐喻体现了语言使用者的思维方式、意义表达方式和认知规律。语法隐喻实际上涉及语义变化（Ravelli，2003）。不一致式具有"对语义的反馈效应"（Halliday & Matthiessen，1999；Ravelli，1988：137；Ravelli，2003：137）。因此，对语法隐喻的研究可以增强我们对说话者和写作者如何表意，以及他们如何在各种个人、职业、社会活动中部署自己的意图的理解。在西蒙－范登贝根（Simon-Vandenbergen）等（2003）主编的《语法隐喻：来自系统功能语言学的观点》中，米里亚姆·塔弗尼耶斯（Miriam Taverniers）提供了一个关于语法隐喻的概述。语法隐喻研究在各个领域的总体概貌参见褚文辉等（2019）的系统综述，对汉语的语法隐喻研究参见杨延宁（2020）和 Yang（2008）。

二、英汉"嵌入投射"范畴化的语法隐喻机制

　　亨肖尔（2015）通过语法隐喻视角分析观察外壳名词，发现外壳名词的本质是一种符号抽象，背后的作用机制就是语法隐喻。需要注意的是，语法隐喻形成的经过名物化的名词不一定都有一致式表达，有一些表达的一致式是"零形式（用'ø'表示）"，如表 5.3 所示（Henshall，2015：69；Halliday & Matthiessen，1999：245）。

表5.3 语法隐喻：名物化

一致式：	隐喻式： => 物体
质量 => unstable	1 instability
过程 => absorb	2 absorption
环境 => instead of; on the surface	4 replacement surface
关联 => for / because [b, for / because a] so [a, so b]	7 cause, proof; result
ø=>	phenomenon, fact

诸如"phenomenon""fact"这类事实名词，其在意义上表达的是一个事件，而事件的一致式自然对应的表达应该是一个小句，在词汇层面上是没有表现形式的，所以用"ø"表示。因此，嵌入系统中的范畴化其实就是语法隐喻机制在起作用。也就是说，说话人对某一个被投射的小句（或者说是一条以小句建构的信息）进行语义界定，并且将其打包成一个名词，在投射逻辑语义中可以将其认定为"言语"（locutions）、"思想"（ideas）或是"事实"（fact）。表5.4显示的是韩礼德和麦蒂森（2014：536）所总结的各种名词，并且以人际意义要素（stating、questioning、offering、commanding）进行分类。

仔细观察这些名词案例，可以发现英语的主要名物化机制是动词直接构成名词，如"report → report""offer → offer""question → question""order → order"等。这些名物化并未产生屈折变化，和汉语类似，符合邵斌，杨静（2022）关于英语名动范畴边界渗透的观察。有一部分是通过投射动词进行一定的屈折变化而成，例如"state → statement""suggest → suggestion""inquire → inquiry""propose → proposal"等。也有部分投射动词和投射名词之间看不到屈折变化关系，如"think → idea、opinion"。事实名词

表 5.4 投射名词和事实名词

			Projection nouns	Fact nouns
propositions	stating	locutions	statement; report, news, rumour, claim, assertion, argument, insistence, proposition, assurance, intimation	(1) 'cases' (nouns of simple fact non-modalized]): fact, case, point, rule, principle, accident, lesson, grounds (2) 'chances' (nouns of modalization): chance, possibility, likelihood, probability, certainty, offchance, impossibility (3) 'proofs' (nouns of indication – caused modalization): proof, indication, implication, confirmation, demonstration, evidence, disproof
		ideas	thought, belief, knowledge, feeling, notion, suspicion, sense, idea, expectation, view, opinion, prediction, assumption, conviction, discovery	
	questioning	locutions	question; query, inquiry; argument, dispute	(1') 'cases': issue, problem, conundrum (2') 'chances': uncertainty
		ideas	doubt, question	
proposals	offering	locutions	offer, suggestion, proposal, threat, promise	
		ideas	intention, desire, hope, inclination, decision, resolve	
	commanding	locutions	order, command, instruction, demand, request, plea	(4) 'needs' (nouns of modulation): requirement, need, rule, obligation, necessity, onus, expectation, duty
		ideas	wish, desire, hope, fear	

里面无情态值的（non-modalized）是来自零形式，如"ø→fact、case、point"。具有情态意义的则来自形容词或者副词，因此形容词和副词在词汇语法中自然对应主观态度人际意义，如"possible→possibility""certain→certainty"。也有不具备形式上对应关系的，如"possible→chance"。

把表5.4中的名词翻译成汉语，会发现汉语的语法隐喻机制有其特征。首先，与英语类似，汉语许多投射动词可以不作屈折变化直接用作名词，如"争论→争论""思考→思考"。其次，有许多名词没有相关的动词用法，而通过相关投射过程的语素去组合构词实现。例如言语投射的"述→陈述""称→宣称""说→传说""道→报道"，思想投射的"知→知识""感→感觉""意→意见"等。汉语还有以"法"为转换模式的"说→说法""看→看法""想→想法"等。当然也有一些隐喻性较强的，没有相关过程语素的，如"点子"。事实投射方面，"事实"和英语的"fact"相比似乎不是那么中性，附带了情态值，因为其中包含语素"实"，表达高情态值。"现象"似乎更为中性。附带情态值的名词许多不发生屈折变化，如"可能→可能""肯定→肯定"。常见的还有以"性"为语素的构词方式，如"可能→可能性""启示→启示性""象征→象征性"等。

由于其语法隐喻的作用机制在起统领作用，不管是嵌入投射还是嵌入扩展，均是一种跨语言发生的现象，因此具备可比性。当然，名词范畴化背后不同语言有不同的构词来源或者名物化机制，或多或少会影响嵌入投射所出现的小句环境和句法行为。下一小节继续讨论在范畴化选择之下的投射三种逻辑语义关系在小句及物性结构中的表现。

三、英汉"嵌入投射"的范畴化表现

根据"嵌入投射"系统网络，两大入列条件为"范畴化"和"逻辑语义类型"，范畴化是指是否采用名词中心语对嵌入小句信息进行语义界定。逻辑语义类型则是观察投射的三大类型：言语、思想和事实。先把范畴化参数设置为"是"，然后观察投射类型。根据施密德（2000：138-139）对言语投射名词的观察，"news"和"statement"是常见言语投射名词（在 COCA 语料库上搜索"news that"和"statement that"，出现频次皆超过 6000）。"News"对应的汉语词汇为"消息"或者"新闻"，利用汉语的小句级转移标记"的"进行搜索，关键词"的消息"和"的新闻"与在COCA 中搜索"news that"得出的观察如下。

（1a）Now however, we［动作者］'ve got［物质过程］some good news［[that you might not have to wait long for]］［目标］.

（1b）Together with its members, the World Heart Federation［动作者］spreads［物质过程］the news［[that at least 82 per cent of premature deaths from heart disease and stroke could...]］［目标］.

（1c）Ann Arbor officials［感知者］are welcoming［心理过程］the news［[that commuter rail cars between Ann Arbor and Detroit are slated for testing starting Monday]］［现象］.

（1d）It［载体］'s［关系过程］good news［属性］［[that voters no longer feel like they have to tell politically correct lies to pollsters]］.

本研究用"[[ ]]"标记嵌入小句，用"[ ]"置于相关成分之后说明其功能标签。英语、汉语在言语嵌入投射方面基本表现是一致的，区别只是汉语的级转移小句（修饰语）置于中心语前面，英语的则后置。而整个嵌入投射名词词组在小句中充当的经验意义功能也是类似的。在英语中，其可以出现在物质过程小句中，如例（1a）中"some good news..."充当"got"的目标，例（1b）中，"the news..."充当"spreads"的目标。也可以出现在心理过程小句中，例（1c）中的"the news"作为心理过程"welcoming"的现象成分。从这几个例子可见，当用"news"作范畴化的时候，嵌入投射所出现的小句过程类型是比较灵活的，没有太多限制。

这里需要注意的是例（1d）的情况，嵌入小句"that voters no longer feel like..."并不是"good news"的修饰语，而是和预指代词"it"形成嵌入投射，识解为载体，"good news"是属性，属于非范畴化的情况，这个表达与汉语区别明显，汉语没有预指代词"it"的对应用法，更多会用"话题……评述"结构，后补一句"是个好消息"。

（2a）他已任英国首相 5 年，近年来不断传出［物质过程］［[要他辞职的]]消息[目标]。

（2b）[[“杭州6个主城区实现免费Wi-Fi覆盖”的]]消息[动作者]几乎一夜之间传遍[物质过程]网络。

（2c）[[中国加入WTO的]]消息[动作者]，将本已陷入重围的新华书店带入了[物质过程]更严峻的挑战中。

（2d）自从[[国土再次遭受侵略的]]消息[言语内容]宣布[言语过程]以后，扎伊尔群众就动员起来。

（2e）听到[心理过程][[十六大将召开的]]消息[现象]，我们农村干部非常兴奋。

（2f）[[中、英两国政府就香港问题达成协议、即将草签联合声明的]]消息[目标]，受到[物质过程]英国多位议员和多家报纸的欢迎。

（2g）外国关于[[越军重返柬埔寨的]]消息[窄体]“纯粹是[关系过程]怀有恶意的捏造[属性]”。

汉语的言语嵌入投射也出现在不同的过程类型小句中，例（2a）和例（2b）的“传出”和“传遍”是物质过程小句，由于汉语动词的双向矢量特征（石毓智，2004），“消息”可作传播的“动作者”或者“目标”。例（2c）中的嵌入投射是物质过程“带入”的动作者。例（2d）中的嵌入投射是言语过程“宣布”的言语内容成分。例（2e）是心理过程小句，分别充当“听到”的现象成分。例（2f）是物质过程“受到”的目标，隐喻地表达了“欢迎”的心理过程。例（2g）显示出汉语与英语的最大区别，汉语的嵌入小句级转移构成介词短语中“关于”的宾语，系统功能语言学给的标签是“领域”（range），该介词短语做“消息”的修饰语。这是因为汉语的介词后面没有必须跟名词的限制，或者是说词性不定，并且可以直接嵌入一个小句作为宾语。英语的介词后一定是跟随名词词组，例如“news about people affected by weather”，此处的“about”介词短语属于“内容”，是投射环境成分（陈树坤、刘萱，2020）。由于英语介词短语的语法规则要求，英语中如果用内容成分作修饰语，更多的是对信息话题的提取，如“people”就是人民受天气影响这条信息的话题。汉语则可直接呈现整条信息，不需要做名词化的处理。当然，汉语也可选择提取话题的结构，如"关于俄京访员的消息"。

值得一提的是，嵌入言语投射经常出现在存在句，建构一种广为流传的说法或者传言，例如：

（3）There is［存在过程］a saying［［that you learn when you are a kid at camp］］［存在物］.

相应的汉语表达有"说法"和"传言"，搜索语料库可以发现，汉语的存在句有一定的特点。其一，汉语的存在句通过"有""出现"等存在过程实现。其二，汉语的存在句引出的言语嵌入投射经常出现引号，如例（4a）、例（4b）中的双引号，例（4c）中的单引号，说明当汉语采用存在句时，更加强调原话引述的功能。其三，由于汉语的修饰语在中心语之前，嵌入的信息长度都较短，如果信息较长，更多会以语段投射，语篇衔接的方式构建。如在例（4d）中，存在"流传着一种无稽的说法："中用冒号引出下面的语段，投射言语内容。

（4a）虽然有［存在过程］所谓［［"为科学而科学"的］］说法［存在物］，但实际上刺激科学家进行工作的主要因素还是个人。

（4b）《论语》中有［存在过程］［［"不撤姜食"的］］说法［存在物］。

（4c）正因为存在这个转化过程，出现了［存在过程］［［'加激素促转化'的］］传言［存在物］。

（4d）关于万有引力定律的发现，流传着［存在过程］一种无稽的说法［存在物］：一天，牛顿躺在苹果树下……

接下来观察思想嵌入投射，英语中出现频率较高的思想投射名词为"idea that"，COCA语料库中的例子同样显示出范畴化的嵌入投射可以出现在不同过程类型的小句之中。例（5a）出现在关系过程中，表达拥有想法，"have the idea"可视为一个动词短语表达，是心理过程的隐喻式。例（5b）中，嵌入投射出现在言语过程小句中，作"expressed"的言语内容成分。由此可见，即使把嵌入小句信息通过范畴化界定为一个"idea"，也不妨碍其在小句层面上识解为一个言语事件。在例（5c）中，"reinforces"是物质过程，"the idea" 作为目标成分，当然其意义上是隐喻，表达证明的意思，可以识解为一个关系过程。

（5a）We [拥有者] had [关系过程] the idea [[that by using new ideas in the artificial intelligence community …]][拥有物].

（5b）It was amazing to me how many people [言语者] expressed [言语过程] the idea that [["Mexico is awesome!"]][言语内容] while there.

（5c）This [动作者] reinforces [物质过程] the idea [[that men are more likely to be mentally ill]][目标].

汉语的嵌入思想投射总体和英语相似，只是搭配上略有不同。例（6a）是一个物质过程小句，"抱着" 是一种隐喻的表达，其实就是指 "有一个想法"。例（6b）中，嵌入投射是作心理过程 "认同" 的现象成分。例（6c）和例（6d）都属于关系过程小句，意义上是对想法表示评价。例（6c）中，"企图避免党内斗争的想法" 是载体，关系过程是 "是"，"完全不对的" 是属性。例（6d）中，"那种……的想法" 是载体，关系过程是 "是"，属性是 "一厢情愿"。与言语投射类似，如果被投射的信息过长，通常不作修饰语，而是以语段投射的形式进行 [见例（6e）]。

（6a）梁爱莲 [动作者] 抱着 [物质过程][[试试看的]] 想法 [目标] 打了个电话。

（6b）但并非所有人 [感知者] 都认同 [心理过程][[与外星人对话的]] 想法 [现象]。

（6c）[[企图避免党内斗争的]] 想法 [载体] 是 [关系过程] 完全不对的 [属性]。

（6d）那种 [[企图回到老路上去，靠价格、靠补贴过安稳日子的]] 想法 [属性]，今后只能是 [关系过程] 一厢情愿了 [属性]。

（6e）许多人 [拥有者] 观看后都跟我一样，有 [关系过程] 几个共同的想法 [拥有物]：一、洗得干净吗？特别是领口、袖口等处……

接下来观察事实投射，英语的最典型表达是 "the fact that"，韩礼德和麦蒂森（2014：253）认为 "the fact that" 是一种符号包装，多多少少和心理过程有关系，即使在"He's trapped by the fact [[that the river flows south]]"这样的物质过程小句中，"trapped"也是心理上受困的一种比喻。曾蕾、梁红艳（2012）所构建的事实投射小句系统，直接说明事实投射只在言语过程小句、心理过程小句和关系过程小句中出现。本研究通过搜索"fact that"发现，事实投射出现的小句类型并没有非常严格的限制。例（7a）和例（7b）出现在心理过程小句中，心理过程分别是"focused on"和"confront"。例（7c）出现在连词环境，即"in spite of the fact that"表达转折，从语法结构上说，"the fact"是"in spite of"的修饰语。在例（7d）中，"the fact"出现在环境成分中，充当介词短语"in"的宾语，表达寻求安慰的"地方"。例（7e）和（7f）是典型的物质过程类型，分别由"is impacted by"和"changed"实现事件之间的影响，是因果关系的隐喻表达。但是这里的物质过程小句是否与心理过程有关？似乎不是很明显。因此，事实投射是可以出现在不同的过程类型小句中的，也就是符合"范畴化"之后小句语法环境不会有太大限制的假设。

（7a）Much of the opposition [感知者] focused on [心理过程] the fact [[that the medical offices would provide methadone...]][现象]

（7b）Press by phone Friday that she would expect that Jayme [感知者] will have to confront [心理过程] the fact [[that there "is no going back to the way things were]][现象]."

（7c）The couple then proceeded to hand cash to the staff in spite of the fact [[that I had told them I had already tipped 25 percent...]]

（7d）Trump may be able to find some comfort in the fact [[that the United States is actually not considered the world's biggest threat]].

（7e）..., though his $2 million MLB Trade Rumors projection [目标] is impacted [物质过程] by the fact [[that he only started earning saves this past year]][行动者].

（7f）But nothing about his performance [行动者], she said, changed [物质过程] the fact [[that she still thinks Biden can beat President Trump]][现象].

汉语在这方面与英语有显著差异，由于汉语不存在宾语必须是名词的限制（或者是说名词不一定要作形式屈折转换），汉语的“事实”的语法功能没有英语的“fact”那么活跃，不会出现在一些介词短语结构中（如“in spite of the fact that”）。但是汉语的事实投射同样出现在不同类型的小句环境中，且其“事实”认定的意义更加凸显，携带明显的态度意义。见下面例子：

（8a)[[上演百场的]]事实［标记］表明［关系过程］，革命理想、爱国主义、民族艺术在群众中有着深厚土壤，只要细心开掘，精心创造，就一定能开出艺术之花［价值］。

（8b）反观中国，不仅[[和平发展的]]事实［现象］有目共睹［心理过程］，而且作为战后国际秩序的建立者和联合国安理会五大常任理事国之一，是现行国际体系的受益者。

（8c)[[“万事不求人”的]]事实［载体］是［关系过程］绝对不存在的［属性］。

（8d）谎言［行动者］更掩盖不了［物质过程][[美国作为世界头号军火制造商和军火供应库的]]事实［目标］。

例（8b）的事实投射出现在关系过程小句，事实投射为“标记”（Token）。例（8c）中的事实投射出现在心理过程小句中，是心理过程“有目共睹”的现象成分。例（8d）的事实投射出现在存在句，识解为“存在物”。例（8d）涉及物质过程，作“掩盖”的目标成分，以及“扭转”的动作者。物质过程小句都有隐喻性，与言语和思想产生联系，相比英语更加符合韩礼德和麦蒂森（2014：253）的观察，即事实投射多少与心理和认知变化产生关联。也正是因为汉语的“事实”携带更明显的高情态值态度意义，有评价功能，这一点在第六章会更具体地考察。

四、英汉“嵌入投射”的非范畴化表现

当嵌入投射在范畴化的入列条件中选择“否”，即非范畴化时，整个嵌入结构中没有一个名词对投射信息进行一个语义界定。换言之，我们不

知道该投射的逻辑语义关系是言语、思想还是事实。在系统功能语言学中，此类投射也被称为非人称投射（impersonal projection），其嵌入小句也被称为事实小句（fact clause），但是事实小句这个命名也是被小句范畴化了，其功能标签未反映其经验意义上的特征，即非范畴化。因此本研究选择称其为"非范畴化投射"。在非范畴化的情况下如何确认其嵌入投射地位呢？主要是通过其所出现的有限的过程类型小句环境确认。英文里面非范畴化的嵌入投射出现在言语过程小句、心理过程小句和关系过程小句中，分别充当其中的相关参与者成分。从 COCA 语料库中摘取例子如下：

心理过程小句

（9）The Cleveland IoT project will help workers［感知者］see［心理过程］[［ that manufacturing must use technology in order to advance ］]［现象］.

言语过程小句

（10）For instance, you［言语者］could mention［言语过程］[［ that there are temperature records being broken all over the world ］]［言语内容］.

关系过程小句

（11a）Other data［标记］show［关系过程］[［ that CEO pay grew twice as fast as corporate profits ］]［价值］.

It［载体］is［关系过程］possible［属性］[［ that more, and bigger, earthquakes happen ］]［载体］.

（11b）I think that [［ having secrets while being a public figure ］]［载体］is［关系过程］important［属性］.

（11c）My belief［价值］is［关系过程］[［ we will have a lot of candidates interested in serving on the district court ］]［标记］," Braue said.

例（9）中的嵌入小句作心理过程"see"的现象成分。例（10）中的嵌入小句作言语过程"mention"的言语内容成分，需要指出的是，这里不将言语过程小句看作小句复合体的原因是"mention"在语义上是提及讲过的事情（偏向把言语视为已经发生的事实意义），另外此处可以把"mention that"改写为"mention the fact that"，进入范畴化模式，因此将其视为嵌入结构。

例（11a）到例（11c）都属于关系过程小句。需要注意的是，关系过程的分析比较复杂困难。韩礼德（1994：122）指出关系过程小句的两种语义配置：被识别者（identified）—识别者（identifier）和标记（token）—价值（value）。前者语义配置是指需要确认的实体为"被识别者"，帮助辨别的为"识别者"。后者语义配置是一种语义抽象度的区分，较为具体的是"标记"，如外表、符号、形式、名称等，比较抽象的是"价值"，如意义、实质、职能等。标记和价值分析揭示的是社会文化意识形态，最难也最重要。在例（11a）中，嵌入小句作为"价值"，表达"Other data"标记成分的意义。在例（11b）中，嵌入小句与"it"一起充当载体，"possible"作为属性对其进行评价，属于"评价型强势主位结构"（Thompson，2004；张克定，2007），"it"除了有预指功能外，还是主位引发语（thematic build-up，Fawcett，2007；王勇，2011）。例（11c）中嵌入小句识解为标记，"My belief"携带主观态度意义识解为价值（曾蕾、梁红艳，2012）。

这里引发我们思考的问题是：为何非范畴化的嵌入投射只出现在心理过程、言语过程和关系过程小句中？从形式上看，"that 小句"为何会倾向于出现在这些特点意义的小句中呢？观察例子可知，言语过程和心理过程小句与投射意义是密切相关的，与人的主观心理世界产生互动，言语过程小句实际上是对过去事实的提及，心理过程小句涉及的是感知者对世界现象的反应，关系过程则是说话人对客观现象的评价和识别。因此，嵌入投射所构建的事件、现象或者事实都是与语言表征的人或者是与说话者的主观世界形成互动。在及物性系统中，则体现为几个特定的小句类型。

基于以上逻辑，笔者以相应典型的汉语动词搜索语料库，观察汉语的非范畴化的嵌入投射现象。心理过程动词"see"对应的汉语是"看"。值得注意的是，汉语的"看"通"想"之意，容易形成心理投射小句复合体结构，例如："我看你是吃了豹子胆！"这里的"看"可以替换成"想""觉得""认为"等心理投射动词，且不能被动处理，不能说"你是吃了豹子胆，被我看了"，因此不能视为嵌入投射。嵌入投射发生的更多的动词是"看到"，见下面几例。

（12a）笔者［感知者］看到［心理过程］[[一对年轻男女走出门来，他们刚刚做完婚前检查]]［现象］。

（12b）有经验的读者［感知者］能透过作品［环境成分］看到［心理过程][[作者的方方面面不仅是艺术技巧，而且包括思想意识、社会阅历、知识水平，是深邃还是浅薄，是成熟还是幼稚，等等]]［现象］。

（12c)[[因为彩礼问题导致亲家债台高筑，甚至逼出人命]]［现象]，相信谁［感知者］都不愿看到［心理过程］。

例（12a）的"看到"识解为小句的心理过程，嵌入投射小句"一对年轻男女走出门来，他们刚刚做完婚前检查"作现象成分。值得注意的是，嵌入结构中出现两个小句，以复合体方式构成，这个语法现象为汉语特有。同时应该注意，"看到"的现象成分划分范围界限不清，我们可以将"一对年轻男女走出门来"分析为现象成分，"他们刚刚做完婚前检查"可以作为另外一个小句补充说明上一句。这种界限不分明，较为松散的结构符合汉语语法的整体特征。类似地，例（12b）中的"看到"管辖的现象成分包含三个并列的关系过程小句，分别为"是艺术技巧"、"是深邃还是浅薄"和"是成熟还是幼稚"，三个小句并置，整体构成嵌入投射。例（12c）中的心理过程"看到"置于现象成分的末位，对前面的小句进行评述，"谁都不愿看到"表达对该行为的负面判断功能。笔者仍然将其视为嵌入投射结构，整个因果关系的小句复合体"因为……导致"识解为"看到"的现象成分，可将其还原为"相信谁都不愿看到因为……导致……"。

汉语的这种松散结构特征使得我们很难分辨是嵌入投射结构还是小句复合体结构，而且汉语的过程成分中往往会有相关的语素标记，例如"到"就是嵌入投射的语素标记，心理过程"想到"和"想"的区别，似乎就是嵌入投射和投射小句复合体的差别。对比以下两例。

（13a）在这"风头"上，我［感知者］想［心理过程］也总是要收敛一时的吧。

（13b）这又让我［感知者］想到［心理过程][[15世纪东西方都是一个海洋大发现的时代]]［现象］。

从形式上看,"我想"和"我想到"后面都接着小句,构成投射逻辑关系,但前者是小句复合体,最主要的证据是无法接受被动句,不能说"也总是要收敛一时的吧,被我想了"。后者则属于嵌入投射,小句嵌入识解为现象成分,可以接受被动句,如"15世纪东西方都是一个海洋大发现的时代,被我想到了"。

顺着这个思路,可以在语料库中以关键词"提及""提到"搜索出言语过程小句的嵌入投射例子。例(14a)和例(14b)表明,"及"和"到"是重要的嵌入投射标记。

(14a)中国信息通信研究院[言说者]日前发布了[言语过程]《5G经济社会影响白皮书》[言语内容],其中有提及[言语过程][[5G将从实验室走向商用]][言语内容]。

(14b)他[言说者]谈到[言语过程][[1953年8月以来,匈牙利同南斯拉夫的国家关系逐步正常化了]][言语内容]。

(14c)老人[言说者]谈到[言语过程][[1921年他在广州大元帅府警卫团第三营当连长]]的事[言语内容]。

(14d)我进京见到老舍时,他[言说者]谈到[言语过程][[1930年到1937年执教山东]]的情景[言语内容]。

(14e)名导演彼得洛夫[言说者]谈到[言语过程][[1935年和我在莫斯科初次见面]]的光景[言语内容]。

例(14c)至例(14e)显示的是"谈到"加上范畴化的嵌入投射现象,其中嵌入投射的名词中心语分别是"事"、"情景"和"光景",独具汉语特色,与英语的事实名词形成对比呼应。

英语中涉及非范畴化嵌入投射的关系过程典型表达是"show",典型表达为"it is possible that"还有"my belief is"。相应地,在语料库中搜索汉语关键词"显示"、"可能的是"、"是可能的"以及"我的想法是"考察相关的例句如下。

(15a)数据[标记]显示[关系过程],[[今年2月份以来,中国吸收外资始终保持同比正增长]][价值]。

(15b)相反地,看来更可能的[属性]是[关系过程][[捐税进

一步勒紧家庭预算]][载体]。

（15c)[[一边继续占领和开发被占的阿拉伯领土，一边与阿拉伯人进行谈判]][载体] 是 [关系过程] 可能的 [属性]。

（15d）我的想法 [价值] 是 [关系过程][[让他们多交朋友，哪怕吵架甚至打架都不要紧，互相之间留下些印象]][标记]。

从这些语料库的真实例子中，我们可以看到汉语和英语显著的不同，汉语的嵌入投射结构比较松散，英语中的嵌入投射小句往往有"that"作为标记，例如"the data show that"，在汉语则更多的是用逗号进行分隔标记，如例（15a）中的"数据显示"。另外，在关系过程"是"的小句建构中，汉语的小句界限划分不如英语的嵌入投射界限清晰，如在例（15d）中，"我的想法是"，后面的嵌入投射是到"让他们多交朋友"呢，还是一直划分到句号？从意义上说后面几个小句一起都属于"想法"的内容，但是从句法关系上来说，似乎后面几个小句之间更多的是互相独立的小句，不是很严格的英语意义上的小句复合体。

综上所述，英语和汉语的嵌入投射在经验功能上有许多相似点，也有一定的类型学差异，总结如表 5.5 所示。

表 5.5　英汉嵌入投射经验功能对比分析

嵌入投射类别	英　语	汉　语	不同点
范畴化（小句级转移至一个名词词组，作名词中心语的修饰成分）	语法隐喻： 1. 投射动词进行一定的屈折变化而成，如"state → statement" 2. 投射动词和投射名词之间看不到屈折变化关系，如"think → idea" 3. 来自零形式，如"ø → fact" 4. 来自形容词或者副词，如"possible → possibility" 5. 来自形容词或者副词，但看不到屈折变化关系，如"possible → chance"	语法隐喻： 1. 投射动词可以不作屈折变化直接用作名词，如"争论→争论" 2. 相关投射过程的语素去组合构词实现，如"述→陈述" 3. 以"法"为语素构词，如"说→说法" 4. 无明显转化关系，如"想→点子" 5. 来自零形式，如"ø→事实" 6. 来自形容词，无变化，如"可能→可能" 7. 以"性"为语素构词，如"可能→可能性"	汉语的语素构词在中心语的意义构建中发挥重要作用，例如"事实"里面的"实"更加强调了高情态值的状态，英语的"fact"情态意义没有那么明显。又如各种投射意义的语素在名词中标识相关的隐喻来源。英语的最大特色是其屈折变化，标记其隐喻来源

嵌入投射类别	英 语	汉 语	不同点
非范畴化（通过在特点类型小句过程成分中确认，小句直接充当该成分）	心理过程小句： 作现象成分： The Cleveland IoT project will help workers［感知者］see［心理过程］[[that manufacturing must use technology in order to advance]]［现象］ 言语过程小句： 作言语内容成分： For instance, you［言语者］could mention［言语过程］[[that there are temperature records being broken all over the world]]［言语内容］ 关系过程小句： 作价值成分： Other data［标记］show［关系过程］[[that CEO pay grew twice as fast as corporate profits]]［价值］ 作载体成分： It［载体］is［关系过程］possible［属性］[[that more, and bigger, earthquakes happen]]［载体］. I think that [[having secrets while being a public figure]]［载体］is［关系过程］important［属性］ 作标记成分： My belief［价值］is［关系过程］[[we will have a lot of candidates interested in serving on the district court]]［标记］," Braue said	心理过程小句： 作现象成分： 笔者［感知者］看到［心理过程］[[一对年轻男女走出门来，他们刚刚做完婚前检查]]［现象］ 言语过程小句： 作言语内容成分： 他［言说者］谈到［言语过程］[[1953 年 8 月以来，匈牙利同南斯拉夫的国家关系逐步正常化了]]［言语内容］ 关系过程小句： 作价值成分： 数据［标记］显示［关系过程］，[[今年 2 月份以来，中国吸收外资始终保持同比正增长]]［价值］ 作载体成分： 看来更可能的［属性］是［关系过程］[[捐税进一步勒紧家庭预算]]［载体］ 作标记成分： 我的想法［价值］是［关系过程］[[让他们多交朋友，哪怕吵架甚至打架都不要紧，互相之间留下些印象]]［标记］	英语结构紧凑，"that" 是重要标记，并且有预指功能 "it" 这种特殊结构。汉语结构相较之下比较松散，有时候成分的范围划分不是很清晰，比较容易一直叙说下去到句号为止

五、总结

本章基于嵌入投射的语义系统网络对英语和汉语的嵌入投射的范畴化和非范畴化的词汇语法表现形式进行了对比研究。范畴化嵌入投射重点考察英汉名词词组中心语语法隐喻机制的不同,发现英语有许多屈折变化形式标记其隐喻来源,汉语则没有屈折变化,汉语更多地依赖语素进行构词,与投射意义相关的语素构词有其特色,还有以"法""性"等语素构词形成的中心语(如"说法""可能性")。非范畴化嵌入投射则重点考察英汉的嵌入投射是否出现在特定的过程类型小句之中,承担其中的特定小句成分。通过及物性分析发现,汉语和英语嵌入投射所出现的小句和承担的成分是一致的,充分证明了嵌入投射这个概念对相关现象的适用性和概括力。对比之下,英语结构紧凑,"that"是重要标记,并且有"it is + 形容词 + that"特殊结构。汉语结构比较松散,有时候成分的范围划分不是很清晰。本章的对比视角局限于经验功能,作的是及物性分析,下一章将对人际功能进行嵌入投射英汉对比分析。

第六章 "嵌入投射"人际功能英汉对比研究

引 言

在系统功能语言学理论框架中，人际功能所指的是语境中发话人与受话人的互动关系（"interpersonal"中的"inter"部分）和发话人对他所说的话、所写的东西持有的态度（"personal"部分）。嵌入投射由于其特殊的语义和句构特征，具备突出的人际功能，用于表达作者的态度。姜峰（2015，2016，2019）对元话语名词研究中指出其有立场建构、评价以及语篇互动功能，元话语名词和嵌入投射现象有诸多交集。李晶、曾蕾（2022）对投射功能类别分析中指出，"事实投射"有"评价型"和"事物型"之分，"事实投射"是嵌入投射其中的一种。嵌入投射所涉及的一些特殊句型也是具备明显的评价动因的，如英语的"评价型强势主位结构"（王勇，2011），汉语的"话题化的元话语标记"（鲁莹，2019）。但是前人的研究并没有系统地对"嵌入投射"总体现象进行人际意义功能考察，也缺乏一个比较综合的研究分析视角，在英汉对比方面更是亟须补充推进。因此本章拟用马丁和怀特（Martin & White，2005）的评价理论，对嵌入投射的人际功能进行英汉对比分析。

本章首先对评价理论框架进行简要介绍，其次对英语和汉语的相关功能进行对比描述，最后尝试以某些典型表达进行语料库检索和量化对比分析。

一、理论背景：人际功能

人际功能为说话者提供了制定互动交际角色和关系的资源；它与概念功能一起运作，后者为说话者提供了构建其世界经验的资源。人际功能语法系统中包含语气系统（Mood）和情态系统（Modality）。语气系统用于人们之间对信息和服务的交换，例如发出命令、提出问题等，在英语中主要通过主语和谓语的操作实现各种言语行为功能。而情态系统则是对一个命题（propositions）或提议（proposals）在是和否之间的主观态度选择，其中对命题的选择涉及不同的可能性程度的词项（如"possibly/probably/certainly"），对提议的选择涉及做与不做之间的程度选择（如在命令中义务强度"allowed to/supposed to/required to"，在提供中的意愿程度"willing to/anxious to/determined to"）。

马丁和怀特（2005）为了进一步发展系统功能语言学的语篇语义系统，从人际功能方面创立了"评价理论"，以描写人类如何以词汇作为体现的形式特征表达个人态度，是系统功能语言学在对人际意义的研究中发展起来的新词汇语法框架。评价理论（Appraisal Theory）是语言学理论中较为全面系统的评价资源分析框架（Hyland，2005）。马丁和怀特（2005）认为，评价理论涵盖了所有进行评价的语言学资源。因此，这个框架是研究语言评价的最有成效的框架之一（Bednarek，2006；Millar & Hunston，2015）。

评价理论主要是对态度表达可选择的语言资源进行语义系统网络建构，包括态度系统（attitude）、介入系统（engagement）和极差系统（graduation）。态度系统用于表达各种感情意义，包括三个子系统：情感（affect）、判断（judgement）和鉴赏（appreciation）。

情感系统用于表达人们的感受。可以是消极或积极的感受，也可以是直接或暗示的感情。其中包括"（不）快乐"（如："happy、cheer、like"），"（不）倾向"（如："miss、fearful"），"（不）安全"（如："confident、anxious、trusting"）和"（不）满意"（如："pleased、sick of、charmed"）。在学术写作中，态度多用于表达作者的感受和情绪。比如：

In the intellectual tradition, although some knowledge is utilised for society, knowledge is often utilised for a pursuit of individual's **happiness**（Lee, 2007: 177）.

判断系统用于表达对人行为个性的评估。它可以是个人或道德上的判断，也可以是直接或暗示的判断。判断系统分两大类别：社会裁决（social sanction）和社会尊严（social esteem），社会尊严更多是口头的、道德层面的行为判断，包括规范性（如“lucky、out dated、trendy”）、能力（如“funny、influential、weak”）、韧性（如“patient、reckless、reliable”），社会裁决更多是书面的、法例条令规定的行为判断，包括真实性（如“ethical、straightforward、deceptive”）和适当性（如“caring、kind、mean”）。以下是学生学术写作中的一个例子。

This work ethic has been a major contributing factor in the **rebuilding** of Japan after the **widespread destruction and devastation** caused by the **humiliating defeat** in the **Second World War**（Lee, 2008: 48）.

鉴赏是关于事物价值的态度。鉴赏系统包括三个子系统，即反应、构成和评估，该系统与本研究有密切关系，其英文术语对应的表达为“reaction”、“composition”和“valuation”。同样可以是积极的或消极的。反应是指人们对被评估事物的反应感受，例如“dramatic、engaging、boring”。构成是指人们对被评估事物的质地、配置或组成部分的看法，例如“balanced、elegant、plain”。评估是指人们如何看待被评估事物的价值，如“fake、deep、original”。以下显示鉴赏系统在学术语言中的运用。

Despite arguments to the contrary, Australian Universities stand only to **gain** from **invaluable** aspects of other intellectual traditions（Lee, 2015: 68）.

介入系统涉及口语和书面话语中的主体间立场。换句话说，介入系统关注的是如何在话语中表达自己的个人观点或对他人的观点或声音作出回应。极差系统涉及的是态度表达的程度高低或者聚焦强化。由于介入系统和极差系统与本研究关系不大，不再赘述，整个评价理论框架的详细论述和标注案例参见马丁和怀特（2005），汉语的评价意义的相关论述参见彭宣维（2015）。

二、范畴化"嵌入投射"名词中心语的评价功能

如前文所述，嵌入投射在范畴化的选择底下，会有一个抽象名词作为名词词组的中心语，此中心语是由语法隐喻机制转化而来，其中涉及评价功能的语法隐喻的一致式为表达情态意义的形容词或者动词，如"possible → possibility"或者"need → need"。对于这一点，系统功能语言学学者在讨论"事实投射"现象时早有论述（Halliday & Matthiessen，2014；曾蕾、梁红艳，2012）。韩礼德和麦蒂森（2014：537-538）把事实投射按名词语义类别分为四种：事例类（cases）、机会类（chances）、证明类（proofs）和需求类（needs）。前三类与事实的情态化有关，即对事件发生的可能性进行主观判断：

（1）事例类（事实名词），在命题表达中去情态化，如："So, that said，I think it is the case that some of these proposals that are being put forward that really do narrow pretty specifically on the wealthiest Americans are going to be ones that the Democratic base can embrace."

（2）机会类（情态意义名词），在命题表达中进行情态化，如："In the documentary it says that there is possibility that the early Americas were also being populated by people from Southeast Asia or the South Pacific and maybe even Europe."

（3）证明类（指示名词），在命题表达中带有指示意义，对情态意义进行证明，起到因果推导作用，如："we have proof that you plagiarized your thesis."

（4）需求类（需求意义名词）事实投射则代表对一件事情的义务程度，如："Today there is a need to rediscover that Jesus Christ is not just a private conviction or an abstract idea."

在评价理论中，情态意义对应的是"判断"，机会类和证明类名词是对行为的真实性和道德判断，属于社会裁决（sanction），而需求类名词则属于对行为会不会、多大决心和能不能进行判断，属于社会尊严（esteem）。其对应关系如图6.1所示（Martin & White，2005：54）。

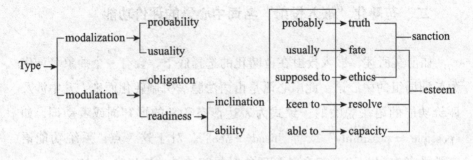

图 6.1　情态意义和判断系统的对应关系

在此分类之下，我们可以进一步挖掘命运类名词，对行为发生的偶然性进行判断，如"fate"：

（1a）maybe it's my fate [[that I will never be with anyone]] .

（1b）Riley's party was how I compromised with the certain fate [[that things would not be the same anymore for my church family]] .

义务类名词，对事情的道义性进行判断，如"obligation"，例（2a）中的嵌入从句是非限定性从句"to respect..."，例（2b）则显示嵌入从句为限定性从句"that the truth has to..."，语料库显示"to do"从句的出现频率更高。

（2a）but I also have an obligation [[to respect the will of the voters given the passage of this initiative]] .

（2b）I feel an obligation [[that the truth has to come out, what happened to him,]] " said Varnadoe.

能力类名词，对一个人的行为能力进行判断，如"ability"。例（3）显示能力类名词后面跟的是非限定性从句"to recall..."，并且没有出现限定性从句，可见能力类名词所构成的嵌入投射结构比较有限，与"to do"的目标、将来意义高度契合，但无法"包装"一个完整事件。例如我们不能说"I have the ability that I made him come"，只能说"I have the ability to make him come"。

（3）I never write anything down because I have relied on for years on the ability [[to recall almost anything instantaneously]] .

换言之，从评价理论的角度看，嵌入投射的名词中心语最凸显的人际功能是表达判断意义，对事件所涉及的行为予以评判。对应地，我们通过BCC语料库观察汉语的案例。社会尊严类有"机会"和"证明"。

（4a）如何在保障城市正常运行的同时又减少 [[城市组织"生病"的]] 机会。

（4b）我人民政府一向本着宽大政策，对于以往的罪恶分子，除罪大恶极不可改造者外，总给予 [[以痛改前非，向人民低头认罪，重新做人的]] 机会。

（4c）这个展览会是 "[[中国人民对马里人民的伟大友谊的]] 新的证明"。

（4d）美国断绝同伊朗的关系是个"吉兆"，也是 "[[美国政府对伊朗失望的]] 证明"。

例（4a）中嵌入从句"城市组织'生病'"作为"机会"的修饰语，例（4b）则显示出汉语较为松散结构的特征，三个并列小句"以痛改前非"、"向人民低头认罪"和"重新做人"作"机会"的修饰语。例（4c）和例（4d）都是以"证明"为中心语的嵌入投射，其中例（4c）显示除了嵌入投射结构，还有一个形容词"新的"作为并列修饰语，也是重要的评价意义表达特征，下文将进一步讨论。

再看汉语社会裁决类的名词中心语，分别以"命运"、"义务"和"能力"搜索BCC语料库得出以下的例子。

（5a）万隆会议前夕遇害牺牲的战友暗杀挽救不了 [[美帝国主义失败的]] 命运。

（5b）没有能力拯救 [[成打的轮船每天在苏伊士湾和红海面临被击毁的]] 命运。

（5c）一切机关、组织和个人都有 [[依法保护文物的]] 义务。

（5d）《中华人民共和国环境保护法》明确规定："一切单位和个人都有 [[保护环境的]] 义务。"

（5e）一方面推进刑侦和基层派出所改革，提高 [[打击犯罪的]]

能力。

（5f）综合气象观测系统提升 [[防灾减灾、应对气候变化和开发利用气候资源的]] 能力。

这些例子初步显示出几个汉语特征：其一，嵌入投射的修饰语可长可短，例（5f）中的修饰语"防灾减灾、应对气候变化和开发利用气候资源"为三个并列小句。其二，"义务"和"能力"和英语类似，基本是不出现行为者的，尽管汉语没有所谓的"to do"用法，但其通过行为者的省略达到了类似的语义特征。其三，汉语的这些嵌入投射往往出现在某种搭配之中，例如"挽救……命运"、"有……义务"和"提高……能力"。

以上是根据态度系统中"判断"子系统的观察，现在我们来分析"鉴赏"子系统。从反应、构成和评估三方面来看，反应是对事物吸引力的评价，但这方面能构成嵌入投射的名词不多，观察语料库发现"excitement""pleasure""anger""anxiety"等与情感表达密切相关的名词可以构成嵌入投射，表达嵌入小句所建构的事件是令人兴奋的、令人生气的或是令人担心的。

（6a）After Bandon expresses his excitement [[that he could still "have the pleasure" of killing the Padawan]], the party engages in a vicious lightsaber duel from which the Padawan emerges victorious.

（6b）So emotionally it was very difficult, but we had an excitement [[that we were going to a new country and we'd be able to make new...]] .

（6c）FIBA also expressed its pleasure [[that so many players are willing to play this summer despite the risks]] .

（6d）The mother had been so consumed with anger [[that she was never able to be there for her other children]] .

（6e）The first lap ended with the unsettling anxiety [[that I might not even have the stamina to finish a second]] .

例（6a）到例（6c）显示，情感名词经常和"express"和"have"组合构成动词短语，表达对发生事件的情感反应态度。例（6d）和例（6e）

则是用名词"anger"和"anxiety"把事件"包装"成一件令人气愤或者担忧的事,然后描绘人和事件之间的互动关系。例(6d)是母亲对事件的消化(consume),例(6e)则是指跑步者在跑步过程中的心理状态。

再看汉语体现"反应"鉴赏意义名词是否有类似的嵌入投射现象。通过搜索语料库发现,汉语能够形成嵌入投射的名词是"喜悦","开心"较少产生嵌入投射现象。例(7a)中的小句只有一个过程成分"丰收",因此可以将其分析为一个嵌入小句,也可以将其视为一个名词修饰语,这是汉语词性模糊的特点决定的。例(7b)中的嵌入小句的及物性成分相对完整,有参与者"报纸"、过程成分"成长"以及环境成分"苗壮"。例(7c)显示"担心"作为中心语的嵌入投射,例(7d)则显示了"紧张"和"兴奋"作为中心语的嵌入投射现象。以上"反应"意义的嵌入投射通过"……是令人……"进行测试,如在例(7d)中,我们可以说"奔向考场"是令人紧张的,"接到录取通知书"是令人兴奋的,等等。总体来说,汉语的"反应"意义嵌入投射的表达比英语更加灵活丰富。

(7a)有时夕阳的余辉金光四射,映得海面像是万顷麦田,又使我隐约感到[[丰收的]]喜悦。

(7b)回忆起5年的办报历程,《非洲华侨周报》社长南庚戌直言遇到很多困难,"但收获更多的,是[[报纸苗壮成长的]]喜悦"。

(7c)联合公报表明,苏联的"目的显然是要缓和[[西方对苏联军事干涉波兰的]]担心"。

(7d)每个人都有自己的故事:塞北的朔风,岭南的骄阳,巴山雨夜的惆怅,漠河雪天的迷茫,[[奔向考场的]]紧张,[[接到录取通知书的]]兴奋……

"构成"意义主要是对事物的复杂度进行鉴赏,即表达对事物简单、和谐、平衡、复杂、困难等状态的判断。英语里面常见的中性词有"difficulty"和"problem",见例(8a)和(8b)。从"difficulty"的反面意义寻求鉴赏意义,发现"convenience"也可以发生嵌入投射,但是出现频率很低,在COCA语料库中只搜索到一例(例8c)。"convenience"更常见的嵌入小句是"to do"非限定性从句。

（8a）We want to beat all of them, but we face the difficulty [[that they are fighting in their own territory and they have lots of weapons]].

（8b）Then there is the problem [[that "family friendly" policies in MomsRising's call to action are not usually front-page fodder]].

（8c）I pay for that convenience [[that I can go any day of the week and get the basics]].

（8d）When I got to work as secretary of state, I opted for convenience [[to use my personal e-mail account]].

相比之下，汉语的"构成"意义中心语更加高频率出现嵌入投射现象，笔者考察了负面词汇，如"困难""问题""难题"，以及正面词汇，如"顺境""便利"等。举例如下。

（9a）克服了 [[劳动力不足的]] 困难。

（9b）本地的企业"没有能力解决 [[和外国资本竞争的]] 困难。

（9c）这个大队的贫下中农接管了学校以后，面临着一个 [[怎样巩固这块农村教育阵地的]] 问题。

（9d）他说，在今天的会议中没有讨论 [[更换总理的]] 问题。

（9e）作为人口大国，中国和印度一样，都面临 [[尽快提高人口素质的]] 难题。

（9f）17号李辉，锋线十分活跃，可惜门前机会掌握不好，在 [[攻势占上风的]] 顺境中未能敲开大门。

（9g）该决议条款要求"各阿拉伯国家不参与威胁到伊拉克安全与领土完整的军事行动，也不向其他国家提供 [[发动对伊拉克进攻的]] 便利。

（9h）[[飞行2小时就能到达的]] 便利、与中国国内旅游相当低廉的旅游费用、现代化的娱乐设施、整洁的都市风景，加上购物、美容、时装、丰富的夜生活，韩国观光公社希望以上述资源与条件吸引大批的中国游客到韩国旅游。

以上例子总体显示汉语嵌入投射表达比英语更灵活，如例（9c）中嵌入小句"怎样巩固这块农村教育阵地的"是一个疑问句，英语的嵌入需要介词短语表达，如"the question of how"。再如例（9f）的"顺境"一词对应的英文"favourable circumstance"没有查到嵌入投射现象，只有"circumstance"能出现嵌入投射，后跟"that"从句，而"circumstance"无明显评价意义。从这一点看汉语的构词法，可通过语素改变使中心语本身成为鉴赏意义表达资源，"顺境""逆境"都描写"境"，只因一个语素变化则整个评价意义相反。

"评估"意义表达对事物价值的判断，具体包括原创性、经济性、特殊性、标志性，等等。这方面前人的文献讨论较少，我们就原创性在语料库中搜索"innovation""originality"等词，未发现嵌入投射现象。而在一些评估意义不是那么明显的词汇中，如"exception""effect"等发现嵌入投射现象，并且往往构成某些固定短语表达。

（10a）The modern system isn't that different, with the exception [[that the taxpayer actually covers much of the bureaucracy costs]].

（10b）And, always there is the exception [[that, they can also be woven eccentrically, but the lines or bars of colour follow the fell line follow the fell line]].

（10c）Meanwhile, no one—but no one—seems to be saying anything to the effect [[that the Muslim community bears any responsibility in all this]].

例（10a）所显示的是"with the exception that"短语表达，意义上与"except that"相当，表达排除在外的某种情况，与评估意义所说的"特殊性"有一定关联，但是其评价意义不是那么明显，更多是一种逻辑上的排除意义。例（10b）中用存在句引出"the exception"评价意义更为凸显。例（10c）显示"to the effect that"，也是高频的固定短语表达，表示"大概意思是"，因此这里的"effect"更多是"meaning"的意思，评价意义也不明显。因此，我们可以初步得出结论，这些固定短语表达的评价功能消退，更多体现的是经验功能，表达某种逻辑或者经验意义。英语中似乎很少对"评估"意义进行名词范畴化处理，极少发生携带其评价意义的范畴化嵌入投射。

对比之下，汉语语言似乎更加倾向于对评估意义进行范畴化处理，并形成嵌入投射结构。下面例（11a）和例（11c）是 "效果" 作为中心语的嵌入投射，表达了对事物特殊性的评估意义。例（11b）和例（11d）是用 DeepL 机器翻译网站自动生成的英语译文，证明了英语中对应的都不是嵌入投射结构，而是转换为 "to lifelong effect"，或者直接省略 "效果" 一词在语言层面的表达，证明了英汉在此方面的明显差异。

（11a）书中有这样一组表现人间关系的短章，其配图达到了 [[令人回味终身的]] 效果。

（11b）The book contains a set of short chapters on human relationships, illustrated to lifelong effect.

（11c）二是艺术质量低劣，没有起到 [[图与文相得益彰的]] 效果。

（11d）Secondly, the artistic quality is poor, not complementing the illustrations with the text.

以 "的创新" 和 "的价值" 搜索语料库，得到例句并用 DeepL 进行翻译对比如下。

（12a）西王特钢的行业优势离不开 [[引进 "外脑" 的]] 创新。

（12b）The strength of the industry of West Wang Special Steel cannot be separated from the innovation of introducing "external brains".

（12c）文学也以自身显示着 [[推动文化变革的]] 价值。

（12d）Literature has also shown itself to be a catalyst for cultural change.

例（12a）表明，"创新" 的本身就是 "引进 '外脑'"，因此对引进 "外脑" 这一行为进行了名词范畴化评估。英语里面的 "innovation" 无法进行嵌入投射结构表达，不能说 "innovation that we introduced 'external brains'"，如果用 "innovation to introduce 'external brains'" 则变为表达创新的目的，不是创新本身，所以只能使用 "of introducing 'external brains'" 后置修饰语结构进行表达。类似地，例（12c）中，"推动文化变革" 就是 "价值" 本身，是嵌入投射结构，但英语更倾向于用 "名词＋介词短语"结构表达，如"value for"，这里机器翻译选择了"catalyst for cultural change"，也很准确地传达了汉语的意思。这些例子进一步证明了汉语在评估意义上更容易形成范畴化嵌入投射结构的特点，英语较少使用范畴化嵌入投射结构表达评估意义。

三、范畴化"嵌入投射"的语义韵倾向

语义韵（semantic prosody）概念源于语料库语言学，是指一个词在语境中的语义氛围，具有积极、消极或是中性三种倾向（Sinclair，1991：74-75；纪玉华、吴建平，2000；卫乃兴，2002）。例如根据语料库索引行观察词汇前后出现的共现或者搭配词的语义特征，"incidence"往往带有消极语义韵，与疾病、缺陷等有关，"career"带有积极语义韵，与成功、令人羡慕的经常搭配，等等（见图6.2）。可见，语义韵研究与评价意义的研究高度相关，是评价意义研究的语料库路径。

1. ourette's syndrome, which can	cause	a chronic involuntary tic and affects
2. mall flow in each channel may	cause	the element to switch unexpectedly. T
3. achine controller which would	cause	a modified milling machine to move in
4. Then, errors in setup would	cause	errors in surface generation. The gra
5. nnot be force-balanced and so	cause	the inability to fully force-balance
6. ize）. The Mekong Cascade will	cause	environmental disruption across the w
7. able can rise sufficiently to	cause	transient waterlogging. 5. Compared w
8. ficant variations in load may	cause	severe speed fluctuations commonly re
9. f the second element and will	cause	load sensitivity or even oscillation.
10. some symbolic formnat; it can	cause	the controlled machine to execute the
11. ted by constant operation can	cause	high friction and positioning errors.
12. ay feel for someone close may	cause	intense guilt and self-torment if th
13. table and therefore likely to	cause	greater disruption to productivity. M
14. ilot and counterbore, and can	cause	breakage of either one. To avoid brea
15. free of undesirable odors or	cause	irritation to the skin. They should a

图6.2 "cause"索引行显示其负面语义韵特征（卫乃兴，2002：304-305）

本节在语义韵视角下，对范畴化嵌入投射的中心语的评价修饰语（epithet）进行语料库考察，对比英汉语在一些最典型的嵌入投射中心语的语义韵差异。按照图 4.3 的投射范畴化的三个选择（言语、思想和事实）的典型中心语词汇进行考察。

首先是言语投射，英语中较为典型的表达为"saying that"（COCA 录得 47589 频次）。通过输入"［j*］saying that"指令搜索"形容词 + saying that"，并去除"saying"作动词的用法，得到频次排名前二十的涉及嵌入投射表达（见表 6.1）。

表 6.1　涉及嵌入投射的"saying"语义韵

序号	表达	频次
1	OLD SAYING THAT	188
2	FAMOUS SAYING THAT	6
3	AGE–OLD SAYING THAT	3
4	TRUSTWORTHY SAYING THAT	3
5	COMMON SAYING THAT	2
6	EARLIER SAYING THAT	2
7	FAMILIAR SAYING THAT	2
8	POPULAR SAYING THAT	2
9	PROVERBIAL SAYING THAT	2
10	OLDER SAYING THAT	1

如表 6.1 所示，当"saying"以嵌入投射结构出现时，其前面的形容词以正面居多（如"famous"、"trustworthy"和"popular"）。其中"old saying that"和"famous saying that"经常出现在"there be"存在句中，表达有一个古老的或者著名的说法，其语义韵偏向正面，代表说法的可信度高。

（13a）There's an old saying［that you achieve what you emphasize］.

（13b）And I truly believe in the old saying［that nobody cares what you have to say until they know that you care〕.

（13c）That said，you know，there is a famous saying〔that monetary policy acts with a long and variable lag〕.

通过 BCC 语料库"的 a 说法"检索式搜索"的 + 形容词 + 说法"组合，得出 272 个结果，从前二十高频的搭配来看，其语义韵是比较中性的，有正面的（如"新说法""正确说法"）意义，有负面的意义，如"错误说法"（见表 6.2）。

表 6.2 **"的 + 形容词 + 说法"的前二十高频统计**

序号	表达	频次	序号	表达	频次
1	的新说法	29	11	的笼统说法	5
2	的传统说法	27	12	的正确说法	4
3	的错误说法	16	13	的典型说法	4
4	的权威说法	13	14	的一致说法	4
5	的不同说法	12	15	的正式说法	4
6	的通俗说法	11	16	的婉转说法	4
7	的委婉说法	10	17	的公正说法	3
8	的片面说法	10	18	的完整说法	3
9	的最新说法	10	19	的准确说法	3
10	的普遍说法	10	20	的明确说法	3

（14a）钱伯海撰文提出〔〔社会劳动创造价值的〕〕新说法。

（14b）此说推翻了流传较广的〔〔黄梅戏起源于湖北黄梅县的〕〕传统说法。

（14c）这些事实有力驳斥了菲律宾 2013 年向荷兰常设仲裁法庭提出的南海仲裁案中，〔〔把太平岛降格为岩礁的〕〕错误说法。

例（14a）中的嵌入小句"社会劳动创造价值的"是"新说法"的具体内容。例（14b）和例（14c）的修饰语除了嵌入小句之外，还有其他修饰语并列前置。例（14b）搭配了"流传较广的"，而例（14c）则搭配了"菲律宾 2013 年向荷兰常设仲裁法庭提出的"和"南海仲裁案中"两个并列修饰语，可见汉语的嵌入投射作为修饰语可以与其他修饰语非常灵活地并置在前面。值得注意的是，如果"说法"前面的形容词是带"的"的（如"传统的说法"），则极少出现嵌入投射现象，如果有，则需使用指示语（Deictic），如"这种""这样"，并且嵌入小句后面没有"的"作嵌入标记。

（15a）不为图片转，为第一次听说 [["踩蹦催熟"]] 这么邪恶的说法。

（15b）我最讨厌那个 [["每个人都说"]] 这种狡猾的说法。

（15c）我才知道 [[喝个咖啡居然还要符合"人文景观"]] 这样一种新的说法。

（15d）就有 [["山中方七日，世上已千年"]] 这种 [[由于不同空间的力场引起时间弯曲的]] 说法。

（15e）"君子之交淡如水"，这种高明的说法包藏着一种机智的无奈。

例（15a）到例（15d）的结构比较紧凑，嵌入小句和修饰语共同前置于中心语"说法"之前，例（15a）中，[["踩蹦催熟"]] 和"这么邪恶的"作"说法"的修饰语，成为"听说"的现象成分。例（15d）显示，汉语还可以通过两个嵌入投射小句实现对"说法"的解读，"由于不同空间的力场引起时间弯曲"是对"山中方七日，世上已千年"的解读，这是汉语嵌入投射结构的独特现象。例（15e）则显示出比较松散的结构，由于逗号的出现，"君子之交淡如水"可以视作独立的小句，而不是嵌入小句，但如果把逗号去掉，则与上面几例呈现出相同的嵌入投射结构。也就是说，汉语的此类特殊嵌入投射结构似乎和语篇衔接系统有高度相关性，可能是一种演化关系，这需要对汉语进行历时研究印证。

接下来以最典型的名词"idea"为例对思想投射进行考察，同样以"[j*] idea that"检索式搜索嵌入结构，得出前二十频次的统计结果（见表6.3）。其中聚焦意义最高频出现，如"whole idea that"和"very idea that"，正面意义（如"good idea""great idea"）比负面意义（如"crazy idea"）多。

表 6.3 "形容词 + idea + that"的前二十高频统计

序号	表达	频次	序号	表达	频次
1	WHOLE IDEA THAT	244	11	VAGUE IDEA THAT	37
2	VERY IDEA THAT	194	12	GENERAL IDEA THAT	36
3	GOOD IDEA THAT	169	13	BASIC IDEA THAT	35
4	CRAZY IDEA THAT	80	14	MISTAKEN IDEA THAT	30
5	GREAT IDEA THAT	68	15	BIG IDEA THAT	29
6	NEW IDEA THAT	57	16	RIDICULOUS IDEA THAT	26
7	SIMPLE IDEA THAT	50	17	BRILLIANT IDEA THAT	24
8	BIG IDEA THAT	47	18	INTERESTING IDEA THAT	23
9	OLD IDEA THAT	47	19	BRIGHT IDEA THAT	22
10	FALSE IDEA THAT	43	20	STUPID IDEA THAT	22

需要注意的是，这里的嵌入投射结构涉及范畴化和非范畴化两种情况，以 "good idea that" 为例，例（16a）中，"it" 和 "that 小句" 共同以嵌入方式构成名词词组，作关系过程 "is" 的载体。"A good idea" 是关系过程小句的属性成分。例（16b）则不同，"that 小句" 嵌入作为 "a very good idea" 的后置修饰语。

（16a）I have no idea, but I think it's a good idea [[that you're going away before anything happens to us]].

（16b）If we can find good corroborating evidence from other parts of the world as well, we will have a very good idea [[that our planet is capable of this sort of dramatic change]].

有趣的是，语料库数据显示，"it is a 形容词 idea that" 这种结构具有正面语义韵，特别在口语中实现建言功能。从系统功能语言学的语法隐喻角度来看，例（16a）中的 "it's a good idea that you're going away..." 是一种提建议，或者说是一种命令的人际语法隐喻，对应的一致式是 "you should go away..."。由此可以理解为何语义韵多为正面，劝别人做事就相当于认为某事是好的想法，建议别人做某事比劝别人别干某事更加高频发生，因而反映在该构型的语义韵中。负面语义韵的"idea"则较少进行"it is … idea that"的构型。例（17a）至例（17c）分别体现"false idea"、"crazy idea"和"ridiculous idea"的嵌入投射典型语法环境，分别出现在存在句例（17a）、介词短语［例（17b）的 on the crazy idea］和动词短语［例（17c）的 had this ridiculous idea］中。

（17a）And there seems to be a false idea〔〔that—that we don't have to pay for mental health〕〕.

（17b）She was full of piss and vinegar and sold on the crazy idea〔〔that once free of everything she knew，she'd be fine〕〕.

（17c）She had this ridiculous idea〔〔that she could have had a richer，more varied Ufe with a different husband，mixing with higher-toned people〕〕.

考察汉语的思想投射名词"想法"，在 BCC 语料库中输入"的 a 想法"检索式，获得统计结果（见表 6.4）。从"想法"所搭配的形容词看，其语义韵也是偏中性，既有正面的（如"真实想法"），也有负面的（如"错误想法""天真想法"），但是"好想法"和英文的"good idea"并不是完全对应，从频次上看，英文的"good idea"出现频次远远超过其他的搭配组合，进一步证明了"good idea"在英语中实现建言功能的能产性。

表 6.4 "的 + 形容词 + 想法"的前二十高频统计

序号	表达	频次	序号	表达	频次
1	的真实想法	362	11	的愚蠢想法	11
2	的错误想法	59	12	的单纯想法	9
3	的新想法	37	13	的不同想法	9
4	的基本想法	27	14	的怪想法	9
5	的主观想法	16	15	的具体想法	8
6	的天真想法	16	16	的荒唐想法	8
7	的奇怪想法	15	17	的美好想法	8
8	的小想法	15	18	的疯狂想法	8
9	的幼稚想法	15	19	的浪漫想法	7
10	的好想法	14	20	的朴素想法	7

（18a）一些当事人离婚以后，孩子判给收入比较丰厚方，当事人不自觉地形成 [[谁养孩子谁有对孩子垄断的]] 错误想法。

（18b）谈到了 [[他为何赞助中国举办"古代中国奥秘展"的]] 基本想法。

（18c）不少人士在抨击苏联加速扩展商船队的同时，还批评了 [[西方那些幻想通过"经济绥靖"来制约苏联和捞取经济好处的]] 天真想法。

从具体的索引行观察到，"真实想法"较少以嵌入投射结构出现，负面评价的"想法"似乎更容易以嵌入投射的形式出现，如例（18a）的"错误想法"和例（18c）的"天真想法"。

与"说法"类似，汉语的"想法"前面如果出现以"的"为标记的形容词，则基本不会形成嵌入投射结构，而是以语篇衔接的方式进行想法具体内容的指代。见例（19），"这种可怕的想法"前面是一个语段，描写想法的具体内容。另外，语料库中搜不到"这种好的想法""这种新的想法""这种真实的想法"。也就是说，汉语中带评价修饰语的"想法"连指代关系也几乎不构建。

（19）既然正当的生活是如此艰难，而杀人可以如此轻易地获得钱财与车辆，那她为什么不可以在索取本该属于她的钱财的同时，向这个残忍肮脏的世界和那些丑陋卑鄙的男人报复？这种可怕的想法使艾琳频繁地杀人，第一次失手杀人时还惊慌失措的艾琳已经死了。

以"这种 * 的想法"检索式搜索语料库，得出 481 个索引行，并且基本是负面语义韵，见下面几例。其中例（20a）和例（20b）未出现嵌入投射的结构，"奇怪的"和"天真乐观到近乎可笑的"都是一种对想法的负面评价。例（20c）和例（20d）则涉及嵌入投射结构，"疯狂的"和"自以为是的"也是负面评价。换言之，语料库显示汉语的"形容词的 + 的想法"极少出现在嵌入投射结构中。如果出现了，则在语义韵上是偏向负面的。这可能与汉语的名词词组修饰语一般不能过长，但是负面评价意义出现时信息往往比较紧凑凸显有关。

（20a）你怎么会有这种奇怪的想法——我请你吃饭干嘛？ ❶

（20b）纤云相信他绝不会有这种天真乐观到近乎可笑的想法。

（20c）没有想到这个麻烦的家伙会想出 [[在屋子中放火]] 这种疯狂的想法。

（20d）而且只是基于 [["将来也许会发生"]] 这种自以为是的想法。

英语中还有另外一个典型的思想投射名词，"opinion"值得考究。以 "[j*] opinion+that"检索式搜索 COCA 语料库，得出前二十频次的搭配（见表6.5）。

表 6.5 "形容词 + opinion + that"的前二十频次搭配统计

序号	表达	频次	序号	表达	频次
1	PERSONAL OPINION THAT	38	11	FIRM OPINION THAT	11
2	CONSIDERED OPINION THAT	30	12	MEDICAL OPINION THAT	11
3	LEGAL OPINION THAT	24	13	SCIENTIFIC OPINION THAT	10
4	PROFESSIONAL OPINION THAT	22	14	DISSENTING OPINION THAT	8
5	STRONG OPINION THAT	22	15	PREVAILING OPINION THAT	8
6	ONLY OPINION THAT	20	16	COMMON OPINION THAT	7
7	POPULAR OPINION THAT	17	17	UNANIMOUS OPINION THAT	7
8	GENERAL OPINION THAT	15	18	PUBLIC OPINION THAT	5
9	HUMBLE OPINION THAT	11	19	WIDESPREAD OPINION THAT	5
10	CONCURRING OPINION THAT	11	20	INTERNATIONAL OPINION THAT	4

考察 "形容词 + opinion + that"的搭配，其嵌入投射是经常发生的，见例（21a）至例（21c）。

（21a）but everything she told Olympia was more than enough to reaffirm Olympia's personal opinion [[that Lady Letitia Mallam was long overdue for a hanging]] .

（21b）I am of the considered opinion [[that there is absolutely

---

❶ 语料库原句如此。

ZERO chance for any stabilization or recovery so long as the Obama regime holds power]] .

（21c）UNOS published a legal opinion [[that kidney exchange is legal under the NOTA as written]] .

用"的 a 看法"检索式搜索 BCC 语料库，得到统计数据（见表 6.6）。可以看到，汉语中"看法"的语义韵是偏负面的，除了前四的比较中性的"不同看法"、"基本看法"、"一致看法"和"普遍看法"，"错误看法"是最高频出现的带明显评价意义的搭配，"粗浅看法"反映国人的自谦文化，是汉语独特的人际意义表达。

表 6.6 "的＋形容词＋看法"的前二十高频统计

序号	表达	频次	序号	表达	频次
1	的不同看法	159	11	的独特看法	20
2	的基本看法	104	12	的一般看法	19
3	的一致看法	84	13	的主观看法	18
4	的普遍看法	60	14	的悲观看法	15
5	的错误看法	47	15	的片面看法	12
6	的真实看法	39	16	的乐观看法	11
7	的传统看法	37	17	的具体看法	10
8	的粗浅看法	32	18	的简单看法	7
9	的根本看法	29	19	的固定看法	7
10	的新看法	21	20	的独到看法	7

在这些搭配中，许多嵌入投射不是以小句形式实现，而是以介词短语形式实现，系统功能语言学把介词短语视为环境成分，属于投射环境成分的"内容"（matter）（陈树坤、刘萱，2020）。系统功能语言学把介词短语视为"缩小版"的小句，因此也可以把其视为一种准嵌入投射现象，只是其投射的不是完整信息，而是信息的主题。例（22a）至例（22c）都是介词短语"对……的"作名词词组的修饰语。

（22a）透过种种国际热点问题，能够观察到 [[对这个大问题的]]

不同看法。

（22b）畠山襄先生首先谈了 [[对全球化的]] 基本看法。

（22c）风格严谨、文章质量高是许多人 [[对人民日报的]] 一致看法。

部分搭配以标准的嵌入投射结构出现，并且表现出汉语的独特特征，如例（23a）中，嵌入小句"工农出身的人不能培养成为'人材'"是"错误看法"的具体内容，并且嵌入小句前出现了心理投射过程"认为"，是由单独过程成分构成的嵌入小句，语义上相当于"有人认为的错误看法"，但是"认为"不是"看法"的信息内容，因此应该属于嵌入扩展（而不是嵌入投射）。类似地，例（23b）中的"只有低碘才会引起甲状腺肿"是"传统看法"的内容，属于嵌入投射，其前置的小句"国际医学界认为"是心理过程小句，由感知者和心理过程两个成分组成，相当于"国际医学界认为的传统看法"，属于嵌入扩展。这种由两个小句并置在名词中心语前，分别体现嵌入扩展和嵌入投射两种逻辑语义关系的结构，是汉语嵌入投射结构的一大特征。英语的对应表达可能只能把"认为"去掉，把感知者变为所有者，例如将"国际医学界认为……的传统看法"译为"the international medical community's traditional view that..."。

（23a）这纠正了认为 [[工农出身的人不能培养成为"人材"的]] 错误看法。

（23b）河北医学院教授于志恒等人通过 8 年的调查研究，揭示碘与甲状腺肿流行的规律，改变了国际医学界认为 [["只有低碘才会引起甲状腺肿"的]] 传统看法。

最后考察事实投射的典型名词"fact"的语义韵，并与汉语的"事实"做对比。通过"[j*] fact that"检索式搜索 COCA，得到前二十频次的搭配（见表 6.7）。

表 6.7 "形容词 + fact + that" 的前二十高频统计

序号	表达	频次	序号	表达	频次
1	VERY FACT THAT	723	11	OF FACT THAT	56
2	SIMPLE FACT THAT	659	12	SCIENTIFIC FACT THAT	56
3	MERE FACT THAT	476	13	IMPORTANT FACT THAT	53
4	OBVIOUS FACT THAT	143	14	BASIC FACT THAT	52
5	KNOWN FACT THAT	96	15	INDISPUTABLE FACT THAT	43
6	WELL-KNOWN FACT THAT	84	16	PLAIN FACT THAT	35
7	SAD FACT THAT	78	17	UNFORTUNATE FACT THAT	33
8	HISTORICAL FACT THAT	73	18	INTERESTING FACT THAT	31
9	PROVEN FACT THAT	57	19	SHEER FACT THAT	29
10	UNDENIABLE FACT THAT	57	20	INESCAPABLE FACT THAT	28

嵌入结构中的 "fact" 语义韵基本以聚焦意义为主，如 "very fact" "simple fact" "mere fact" 等。

（24a）The very fact [[that you orient differently and, in your own mind, more desirably]], is what causes you to spot the other person's problems and to frame what we call the "better" orientation precisely as you do.

（24b）The problem is that most cannot come to grips with the simple fact [[that history may have chosen them to be the ones who fight and die, but not to be among the ones（later）to see the benefits]].

例（24a）和例（24b）分别说明了事实嵌入投射的聚焦意义倾向。但是如果是鉴赏意义或者情感意义，其结构就会出现范畴化和非范畴化的区别。例（25a）中，嵌入小句实际上是和 "It" 一起充当载体成分，相当于 "That war is often asymmetrical is a sad fact"，是属于非范畴化嵌入投射。例（25b）的 "that" 小句则充当 "fact" 的后置修饰语。例（25c）和例（25a）类似，也是一种非范畴化嵌入投射结构，其鉴赏意义是 "important"。例（25d）则是 "unfortunate" 判断意义，同样是以非范畴化结构出现。因此我们可以推断，以 "fact" 为中心语的范畴化嵌入投射的语义韵偏向聚焦意义，鉴赏意义则更偏向以非范畴化结构出现。

（25a）It is a sad fact 〔〔 that war is often asymmetrical 〕〕.

（25b）We must face the sad fact 〔〔 that at eleven o' clock on Sunday morning when we stand to sing "In Christ there is no East or West," we stand in the most segregated hour of America 〕〕.

（25c）In any case it is an extremely important fact 〔〔 that Mohammed did not find it necessary to introduce an altogether novel deity, but contented himself with ridding the heathen Allah of his companions, subjecting him to a kind of dogmatic purification and defining him in a somewhat clearer manner 〕〕.

（25d）There—it is an unfortunate fact 〔〔 that a lot of black and Latino—and by the way, poor white kids—go to schools that do not prepare them sufficiently to be able to succeed in the world 〕〕.

对比汉语名词"事实"，通过"a 的事实"检索式搜索 BCC 语料库得到统计数据（见表 6.8）。可以看到汉语"事实"的语义韵和英语的"fact"有明显差异，汉语的语义韵负面居多，如"错误事实""残酷事实""严峻事实""严酷事实""严重事实""悲惨事实""可怕事实"等，给人一种现实是残酷的总体文化意向。

表 6.8 "形容词 + 事实"的前二十高频统计

序号	表达	频次	序号	表达	频次
1	的客观事实	361	11	的新事实	12
2	的基本事实	149	12	的严重事实	12
3	的错误事实	86	13	的重大事实	11
4	的科学事实	57	14	的悲惨事实	11
5	的残酷事实	55	15	的可怕事实	9
6	的具体事实	55	16	的确切事实	9
7	的重要事实	39	17	的惊人事实	9
8	的生动事实	37	18	的奇怪事实	6
9	的严峻事实	37	19	的新鲜事实	6
10	的严酷事实	22	20	的虚假事实	6

例（26a）至例（26c）分别显示了嵌入小句前置于事实名词之前，具体描写事实内容，并且通过形容词表达作者对事实的态度。例（26a）强调事实的"客观性"，提高其情态值。例（26b）也是类似的，指出"事实"是基本的，不应该被"忽视"。例（26c）则是对事件的正当性进行判断，对其"错误"进行"揭露"。

（26a）这话代表了一种抗争到底的决心，战争非儿戏，和平时代的人爱吹毛求疵，实在不了解 [[战争时代，人命会如草芥的铮铮白骨的]] 客观事实。

（26b）西方国家在联合国大会紧急特别会议上提出的 [[关于西亚的提案忽视了外国军队应当从黎巴嫩和约旦撤退的]] 基本事实。

（26c）市地方党委检查揭露了 [[许多国营和地方国营企业的违反国家经济政策的]] 错误事实。

综上，范畴化嵌入投射的语义韵存在跨语言差异，可以做嵌入投射名词词组中心语的词项在英语和汉语之间表面是一种对应关系，但是其具体的语义韵倾向是存在差异的，例如汉语的"事实"语义韵偏向负面，英语的"fact"则比较中性。另外名词是否倾向以嵌入投射的结构出现也存在差异，其中最大区别在于：英语的嵌入小句后置于中心语，因此给名词中心语前面留有足够空间用形容词修饰表达态度。汉语的嵌入小句和形容词修饰语全部并列前置于中心语，表达过长会造成认知识解负担过重，因此较少发生有形容词修饰语的情况下再并列出现嵌入小句。如果出现，整个结构会偏向紧凑，形容词修饰语不会出现"的"标记词（如"客观事实"，而不是"客观的事实"）。汉语也常使用"这种""这样"来回指前面的被投射的信息小句，形成汉语独特的嵌入投射结构（如"'每个人都说'这种狡猾的说法"）。

四、非范畴化"嵌入投射"的评价意义倾向

非范畴化嵌入投射是指嵌入小句不对任何名词中心语进行修饰，而是自身作为名词词组的中心语，因此语义上没有任何名词中心语对小

句信息性质进行范畴化描述。非范畴化嵌入投射最典型的表现形式是"it is 形容词 that 小句"。非范畴化嵌入投射和评价功能有天然关系（Hunston & Thompson，2000；Susan & Francis，1996：188-192）。汉斯顿和汤普森（Hunston & Thompson，2000）研究评价意义表达的几大型式（pattern）中有：

型式1：IT + LINK VERB + ADJECTIVE GROUP + CLAUSE

举例：It was certain〔〔that he was much to blame〕〕.

型式2：THERE + LINK VERB + SOMETHING/ ANYTHING/NOTHING + ADJECTIVE GROUP + ABOUT/IN + NOUN GROUP/-ING CLAUSE

举例：There's something rather appealing about being able to spend the evening in a town.

型式3：LINK VERB + ADJECTIVE GROUP + TO INFINITIVE CLAUSE

举例：Horses are pretty to look at.

型式4：LINK VERB + ADJECTIVE GROUP + THAT CLAUSE

He was very angry〔〔that she had spoken to people about their private affairs〕〕.

型式5：PSEUDO-CLEFTS

举例：What's very good about this play is〔〔that it broadens people's view〕〕.

型式6：PATTERNS WITH GENERAL NOUNS

举例：The surprising thing about chess is〔〔that computers can play it so well〕〕.

其中型式1、型式4、型式5和型式6都属于非范畴化嵌入投射，嵌入小句在举例中以"〔〔…〕〕"作标记。其中型式1的评价功能受到学界最广泛关注，分别在学术语篇（刘国兵、王凡瑜，2019；王冰昕、卫乃兴，2018；张磊、卫乃兴，2017；张继东、席龙井，2016）和媒体新闻语篇（陈春华、马龙凯，2022）中都得到深入分析。但是文献中没有英汉对比分析，也没有大型语料库的调查。鉴于此，本节将会对上面的型式1、型式4、型式5以及其对应的汉语型式进行语料库对比分析。

（一）型式 1：IT + LINK VERB + ADJECTIVE GROUP + CLAUSE

以 "it is+ 形容词 +that" 检索式搜索 COCA 语料库得出其评价意义倾向，得出统计结果（见表 6.9）。

表 6.9　"it is + 形容词 + that" 前二十高频表达

序号	表达	频次	序号	表达	频次
1	IT IS CLEAR THAT	4174	11	IT IS INTERESTING THAT	651
2	IT IS TRUE THAT	3827	12	IT IS APPARENT THAT	554
3	IT IS POSSIBLE THAT	3803	13	IT IS CRITICAL THAT	434
4	IT IS LIKELY THAT	2323	14	IT IS UNFORTUNATE THAT	413
5	IT IS IMPORTANT THAT	1993	15	IT IS NOTEWORTHY THAT	400
6	IT IS UNLIKELY THAT	1353	16	IT IS DOUBTFUL THAT	344
7	IT IS OBVIOUS THAT	1038	17	IT IS CONCEIVABLE THAT	342
8	IT IS IMPERATIVE THAT	866	18	IT IS PROBABLE THAT	317
9	IT IS EVIDENT THAT	697	19	IT IS IRONIC THAT	311
10	IT IS ESSENTIAL THAT	668	20	IT IS SIGNIFICANT THAT	310

可以看到，前二十频次的形容词都是表达判断意义，有对行为的可能性进行判断（如 "IT IS POSSIBLE THAT"），也有对行为的义务性进行判断（如 "IT IS IMPORTANT THAT"），即表达情态意义的居多。也有鉴赏意义，如 "IT IS INTERESTING THAT"。从语料库中分别举例如下。

（27a）There is an attempt to find another country to hold the games, but it is possible〔〔that the series will be canceled〕〕.

（27b）It is important〔〔that we get this suspect into custody as the victim's family and this community deserve to have her answer for this horrible crime〕〕.

（27c）It is interesting〔〔that we found certain gp63 transcripts enriched in adherent cells, while others were enriched in swimming cells〕〕.

需要注意的是，型式 1 只是对形容词进行关注，但是在 "it is...that"

嵌入投射结构中，名词一样可以充当评价功能，笔者将此归纳为"IT + LINK VERB + NOMINAL GROUP + CLAUSE"。以检索式搜索 COCA 语料库，得出表 6.10 的统计结果。

表 6.10 "it is + 名词词组 + that"前二十高频表达

序号	表达	频次	序号	表达	频次
1	IT IS A FACT THAT	301	11	**IT IS A REMINDER THAT**	46
2	**IT IS A SHAME THAT**	240	12	IT IS A SYSTEM THAT	45
3	IT IS A STORY THAT	83	13	IT IS A PLACE THAT	44
4	IT IS A SIGN THAT	82	14	**IT IS A GIVEN THAT**	42
5	**IT IS A PITY THAT**	76	15	IT IS A REALITY THAT	27
6	**IT IS A PROBLEM THAT**	73	16	**IT IS A WONDER THAT**	25
7	IT IS A PROCESS THAT	67	17	**IT IS A POSSIBILITY THAT**	24
8	**IT IS A QUESTION THAT**	67	18	**IT IS A MIRACLE THAT**	22
9	IT IS A BOOK THAT	56	19	IT IS A STRATEGY THAT	21
10	**IT IS A MYTH THAT**	49	20	IT IS A WORD THAT	21

注：加粗字体表示携带评价意义。

例（28a）至例（28c）表明，携带评价意义的名词可作关系过程小句的价值成分（value），嵌入小句则作关系过程小句的载体成分（token）。这些名词可视为语法隐喻，是评价意义的名物化表达，如"shame"源于"sorry"主观情感。在例（28b）的语境中，"myth"意思是"something that people wrongly believe to be true"，也就是对某观点"that world hunger is due to scarcity of food"持否定怀疑态度。例（28c）的"a given"相当于"a given fact"，指显而易见的事实，是对"service should always be pleasant, helpful and courteous"的正确性予以判断。

（28a）I think it is a shame [[that anti-harassment policies are even necessary in a rational movement]].

（28b）It is a myth [[that world hunger is due to scarcity of food]].

（28c）It is a given [[that service should always be pleasant, helpful and courteous]].

对比之下，汉语没有预指功能"it"形成的关系过程小句结构，其非范畴化的表达一般有两种型式：（1）是……的；（2）……的是。需要提醒注意的是，由于汉语没有英语的"that"作为嵌入小句标记进行准确搜索，只能通过句首或者句尾位置进行观察，且搜索到的例句不一定会出现嵌入小句结构，所以只能是一个大致观察。通过对 BCC 语料库采取检索式"是 a 的 w"（"a"表示形容词，"w"表示句末）进行搜索，得到表 6.11 的数据。

表 6.11 "是 + 形容词 + 的"前二十高频表达

序号	表达	频次	序号	表达	频次
1	是真的，	7986	11	是一样的，	2545
2	是真的。	6045	12	是真的！	2544
3	是好的，	4496	13	是必要的。	2323
4	是假的，	3282	14	是必要的，	2185
5	是好的。	3155	15	是一致的，	2171
6	是一致的。	3091	16	是不行的。	2033
7	是正确的，	2752	17	是错误的。	2002
8	是一样的。	2747	18	是有限的，	1967
9	是正确的。	2658	19	是不同的。	1924
10	是不够的，	2640	20	是假的。	1885

英语里面的最高频表达是"it is clear that"，但是汉语看不到相应的表达，汉语最高频的"是真的"与英语的"it is true that"形成呼应。从语料库的例句看，表 6.11 中统计的表达不是全部都出现嵌入小句，也就是说，载体成分可由小句或者名词实现。汉语中的评价意义倾向于对行为进行判断，用评价理论的话说，有社会裁决（sanction）和社会尊严（esteem）两种倾向，社会裁决表达"真假"判断［如例（29a）］，社会尊严表达"道义性"判断［如例（29b）、例（29c）、例（29d）］。对比之下，英语的高频评价意义更多倾向于对事物的可能性和价值的鉴赏，如"possible""unfortunate""interesting"等。

（29a）这引起了部分人的反对："别玩儿虚的，[[把物业费降下来]]是真的。"

（29b）我想[[将它的整个经过和真实的情况公诸于众❶]]是必要的。

（29c）故[[原审裁定驳回李的起诉]]是正确的。

（29d）在改革道路上，他们也有过顾虑，有过苦恼，也考虑过上下左右各方面的关系问题，但他们清楚，要改革，[[没有"敢"字当头]]是不行的。

通过检索式"w a 的是"搜索 BCC 语料库中放在句首的"形容词 + 的是"例句，得到前二十高频表达统计（见表6.12）。

表6.12 "形容词 + 的是"前二十高频表达

序号	表达	频次	序号	表达	频次
1	，真的是	6000	11	，不同的是	726
2	，重要的是	4963	12	？真的是	686
3	。真的是	2418	13	。幸运的是	637
4	。遗憾的是	2213	14	不同的是	617
5	！真的是	2100	15	~真的是	611
6	。重要的是	1344	16	。可喜的是	599
7	有趣的是	1140	17	"真的是	598
8	，可怕的是	1132	18	，难的是	570
9	。不幸的是	1055	19	……真的是	534
10	，遗憾的是	861	20	.真的是	442

可以看到"……的是"表达之下的评价意义仍然是以"真的"为最高频率，但是多了部分情感倾向和鉴赏意义的表达，如"有趣的是""不幸的是""遗憾的是""可怕的是"，等等。

（30a）真的是[["百闻不如一见"]]。

（30b）遗憾的是[["再穷也不能穷孩子"的深刻道理，还未成为世人的共识]]。

（30c）可怕的是[["月亮也是外国好"的信徒们有些往往还处于

❶ 语料库原句如此。

领导地位]]。

（30d）可喜的是[[《新华字典》没有因此夭折，更没有受到 20 年后《现代汉语词典》所遭遇的"大张挞伐"的命运]]。

从索引行的观察发现，"……的是"构建嵌入小句结构的频率大大高于"是……的"，并且"……的是"通常在后面会出现逗号，如"更为可喜的是，……"，使得整个短语表达更像是插入语或者是附加语，这也是汉语结构较为松散的类型学特征在非范畴化嵌入投射中的一个表现。

汉语中也有通过名词去对嵌入小句进行评价的型式，通过检索式"是个 n w"考察 BCC 处于句末的"是个 + 名词"表达，统计结果如表 6.13 所示。

表 6.13 "是个 + 名词"前二十高频表达

序号	表达	频次	序号	表达	频次
1	是个传说！	1193	11	**是个谜。**	404
2	是个好人，	1066	12	是个女人。	340
3	是个孩子，	862	13	是个纲，	298
4	**是个问题。**	764	14	**是个奇迹。**	286
5	是个女人，	761	15	是个疯子，	258
6	是个男人，	657	16	是个未知数。	251
7	是个好人。	604	17	是个疯子。	230
8	是个孩子。	423	18	是个男人。	229
9	**是个问题，**	420	19	是个女孩子，	223
10	是个好日子，	409	20	**是个例外。**	220

注：加粗字体表示携带评价意义。

"是个……"型式的评价意义倾向显著，且用于评价人，实现鉴赏意义（如"是个好人"）或者聚焦意义（如"是个男人"）较多，但是对人的评价无法构成嵌入投射结构。"是个问题""是个奇迹""是个例外"等表达更多与嵌入小句共现，见例（31a）和例（31b）。其中例（31b）显示出汉语的松散结构特征，前面的小句复合体"然每日工作紧张而繁忙，且多做少眠，然其风貌多年如故"似乎可以视为独立状态，那么"是个奇迹"可分析为省略了载体成分，通过语篇衔接回指前面的小句复合体描述的信息。

（31a）伍德认为，[[英国公众对中国历史了解太少]]是个问题。

（31b）[[然每日工作紧张而繁忙，且多做少眠，然其风貌多年如故]]，不能不说是个奇迹。

汉语还有一个特殊型式 "……是有……的"，以检索式 "是有 n 的 w" 搜索 BCC 语料库得出前二十高频表达（见表 6.14）。

表 6.14 "是有 + 名词 + 的" 前二十高频表达

序号	表达	频次	序号	表达	频次
1	**是有道理的。**	617	11	**是有好处的，**	189
2	**是有好处的。**	455	12	**是有意义的，**	180
3	**是有道理的，**	389	13	是有感情的，	165
4	**是有原因的，**	339	14	**是有价值的，**	163
5	**是有原因的。**	333	15	**是有价值的。**	153
6	是有意义的。	321	16	是有差异的，	147
7	是有条件的，	296	17	**是有罪的。**	140
8	是有限度的，	274	18	**是有理由的。**	124
9	是有限度的。	207	19	是有差别的，	122
10	是有条件的。	190	20	是有生命的，	122

注：加粗字体表示携带评价意义。

"是有……的" 型式的评价意义特征明显，基本都是鉴赏意义，对一个事件的可理解性（如 "有道理" "有原因"）和价值（如 "有意义" "有价值" "有好处"）进行态度表达。例（32a）至例（32c）表明，嵌入小句作关系过程的载体成分，"有……的" 短语作为属性成分，当然进一步分析其结构，"有" 也是一个关系过程（属有过程），也可视为一个嵌入小句，本书倾向于将其看作一个短语表达。"有……的" 短语无法放句首，我们不能说 "有道理的是"，在 BCC 语料库中查无例子。

（32a）因此，[[一些国家 "要求所有外国军队撤出非洲之角和整个非洲"]]是有道理的。

（32b）在社会有能力彻底解决这个问题之前，[[保留土地经营的一定弹性]]是有好处的。

（32c）[[由中国国家科委和美国福特汽车公司主要资助和支持的这项研究以我国山西省及富煤地区为背景，采用国际上最先进的生命周期分析方法认定，将煤转化为汽车燃料]]是有价值的。

（二）型式4：LINK VERB + ADJECTIVE GROUP + THAT CLAUSE

型式4 "LINK VERB + ADJECTIVE GROUP + THAT CLAUSE" 中的 "THAT CLAUSE" 属于非范畴化嵌入投射，其中 "LINK VERB + ADJECTIVE GROUP" 在系统功能语言学的及物性分析中属于关系过程小句，"ADJECTIVE GROUP" 所表达的是情感/态度意义，属于属性成分（Attribute）的符号意义表达（semiotic domain），与心理过程小句是相呼应的（参见 Halliday and Matthiessen，2014：273）。在系统功能语言学的加的夫模式中，"LINK VERB + ADJECTIVE GROUP" 直接被视为心理过程，"LINK VERB" 是主要过程，"ADJECTIVE GROUP" 是心理过程的延长成分。这也就不难理解嵌入投射为何出现在这种型式之中了。通过检索式 "[j*] that" 搜索 "形容词 + that 从句"，得到前二十的高频表达（见表6.15）。

表 6.15 "形容词 + that" 前二十高频表达

序号	表达	频次	序号	表达	频次
1	**SURE THAT**	46225	11	OBVIOUS THAT	6093
2	CLEAR THAT	27037	12	**CONFIDENT THAT**	6015
3	POSSIBLE THAT	13327	13	**AFRAID THAT**	5915
4	**AWARE THAT**	13226	14	**GLAD THAT**	5742
5	TRUE THAT	13153	15	**SURPRISED THAT**	4793
6	IMPORTANT THAT	9057	16	UNLIKELY THAT	4428
7	LIKELY THAT	9002	17	GOOD THAT	4139
8	CERTAIN THAT	7216	18	SURPRISING THAT	4090
9	**CONVINCED THAT**	7166	19	INTERESTING THAT	4086
10	**CONCERNED THAT**	6299	20	**HAPPY THAT**	3892

注：加粗字体表示携带评价意义。

去掉有可能和 "it is...that" 型式重复的表达，可以发现，评价意义最为集中的还是情态意义的判断，即对事情是否应该发生的判断（如"SURE THAT""CONVINCED THAT""CONFIDENT THAT""SURPRISED THAT"），其中情感意义的表达可视为情态意义的语法隐喻，如"CONFIDENT THAT"表达自信，则是对某件事情发生概率高的判断。另外还有表达个人满意度的情感意义（如"GLAD THAT""HAPPY THAT""CONCERNED THAT"）。

（33a）You realize of course that the U.S. bases in Spain are the hub for all your operations in Africa? And I'm confident [[that they will remain so]].

（33b）When Robert heard a song he liked, he was aware [[that the song was dissolving in time, second by second]].

（33c）They're afraid [[that maybe the confederacy will be shown in a good light]].

注意这里涉及投射小句复合体和嵌入投射的边界模糊地带，因为这些关系过程都有心理过程的对应表达，"I'm confident"对应的是"I believe"，"he was aware"对应的是"he realized"，"They're afraid"对应的是"They feared"。判断的标准是看其心理状态是主动投射出观点想法，还是被动对事实进行认知。如"I believe"应该更多的是主动投射想法，因此例（33a）更多的应该是属于投射小句复合体。例（33b）中的"he was aware"是对某件已经发生的事实的认知，属于嵌入投射。例（33c）的"They're afraid"强调的是对某件事情的主观态度反应，类似于表达"They feared the fact that"，也属于嵌入投射。值得注意的是，"aware"表达的是对事实状态的确认，是评价意义的间接表达，根据COCA的数据统计，"aware"常与"importance"和"danger"等名词搭配，具有对事件重要性和紧迫性的语义韵（关于"语义韵"的内涵与研究，参见卫乃兴，2002；李晓红、卫乃兴，2012）。

相比之下，汉语没有严格意义形式上对应的"LINK VERB + ADJECTIVE GROUP + THAT CLAUSE"型式，一是汉语的"高兴"兼具形容词和动词两种词性，二是汉语很少说"我高兴你来"，而是说"我想你来/我喜欢你来",或是后置评述,如"你能来,我当然高兴"。这种后置评述的结构是否能够归入嵌入投射现象?需要语料库更多的观察验证。

根据对汉语相关现象的思考,本书得出英语另外一个评价意义集中出现的型式"[feel] + ADJECTIVE GROUP + THAT CLAUSE",这个型式汉语大量存在。笔者先通过"[feel][j*]that"检索式搜索 COCA 语料库,得出英语的前二十高频表达统计(见表6.16)。

表6.16 "feel + 形容词 + that"前二十高频表达

序号	表达	频次	序号	表达	频次
1	FEEL CONFIDENT THAT	337	11	FELT GUILTY THAT	57
2	FEEL BAD THAT	195	12	FEEL LUCKY THAT	56
3	FEEL GOOD THAT	141	13	FEEL COMFORTABLE THAT	51
4	FELT SURE THAT	126	14	FEEL SORRY THAT	49
5	FELT CONFIDENT THAT	114	15	FEEL SAD THAT	45
6	FELT CERTAIN THAT	108	16	FEEL TERRIBLE THAT	44
7	FEEL GUILTY THAT	98	17	FEEL BLESSED THAT	37
8	FELT BAD THAT	90	18	FEEL FORTUNATE THAT	37
9	FEEL CERTAIN THAT	85	19	FEEL PROUD THAT	35
10	FEEL SURE THAT	69	20	FEELS CONFIDENT THAT	35

例(34a)和例(34b)中的"feel + 形容词"都是表达对嵌入小句所构建的事件的主观态度,虽然都是从说话人"I"出发,但是所构建的评价意义有情感意[如例(34c)的"I feel sad"],有判断意[如例(34b)的"I do feel fortunate"]以及鉴赏意[如例(34a)的"I feel bad"]。

(34a)I feel bad [[that we have to lie to them]].

(34b)Also, I do feel fortunate [[that I've gotten to know my directly upstairs neighbor fairly well]].

(34c)I feel sad [[that my brother and I can't have a typical relationship]].

汉语中没有特别明显的型式标记辅助搜索,但据观察,有一种和

"〔feel〕+ ADJECTIVE GROUP + THAT CLAUSE"对应的型式："对……感到 + 形容词"。通过检索式"对 * 感到 a"搜索 BCC 语料库，得到统计数据（见表 6.17）。可以看到，其高频表达和英语的统计结果基本呼应，都有对事物的情感意义（如"高兴"）、判断意义（如"乐观"）和鉴赏意义（如"好笑"），总体而言，汉语的形容词表达的意义似乎更加具体。英语的最高频是"confident"、"bad"和"good"，汉语为"高兴"、"惊讶"和"失望"，展现出英语文化中比较突出自我。汉语世界有谦虚的价值观，相对没那么容易感到自信。

表 6.17 "对 + 感到 + 形容词"前二十高频表达

序号	表达	频次	序号	表达	频次
1	对 * 感到高兴	1217	11	对 * 感到愤怒	139
2	对 * 感到惊讶	360	12	对 * 感到自豪	132
3	对 * 感到失望	359	13	对 * 感到欣慰	129
4	对 * 感到吃惊	261	14	对 * 感到抱歉	119
5	对 * 感到好奇	243	15	对 * 感到绝望	97
6	对 * 感到不安	233	16	对 * 感到乐观	80
7	对 * 感到惊奇	176	17	对 * 感到好笑	78
8	对 * 感到遗憾	176	18	对 * 感到气愤	71
9	对 * 感到意外	174	19	对 * 感到有趣	68
10	对 * 感到陌生	167	20	对 * 感到惋惜	63

但是汉语的嵌入小句是作为介词短语"对……"的范围成分（Range），那么此处的嵌入小句是否属于嵌入投射，需要稍加讨论。根据系统功能语言学，投射意义在介词短语环境中实现角度（Angle）和内容（Matter）两种功能。其中"角度"是投射信号的环境化（如"according to him"），而"内容"是投射信息的环境化。举例如下：

（35a）He said <u>about the plan</u>.

（35b）He said <u>about the plan</u> that he would travel abroad.

（35c）He gave a talk <u>about the plan</u>.

（35d）He assisted me <u>in my work</u>.

上面例子中的介词短语（划线部分）都属于"内容成分"（详见陈树坤、刘萱，2020）。从这个视角看例（36a），"对中国的进步"属于内容成分，其心理过程为"感到高兴"。例（36b）中，"两国高科技和生产领域的贸易额上升"是"感到高兴"的内容成分，区别在于内容成分里面的范围成分（传统语法称为介词"对"的宾语）是由嵌入小句实现的。由于汉语的小句可以直接充当介词的宾语，此类型学特征造成了汉语独特的"对……感到"的非范畴化嵌入投射型式。

（36a）我对中国的进步感到高兴。

（36b）我对［［两国高科技和生产领域的贸易额上升］］尤其感到高兴。

（三）型式 5：PSEUDO-CLEFTS

假拟分裂句（PSEUDO-CLEFTS）是指一种类似于分裂句的型式，即一个小句分成两个部分，其中每个部分有自己的动词，从而把说话内容的已知信息和新信息区分清楚（如例 37）。系统功能语言学倾向于从语篇功能的角度分析假拟分裂句（仇伟、张法科，2004），该型式突出信息焦点，使得语篇意图更加清晰。在例（37）中，"good"的评价意义成为关系过程小句的主位，而嵌入小句所构建的信息作为"play"的评价，被置于小句的句末新信息位置，使得其优点评价意义更加突出。而本书侧重该型式中涉及的非范畴化嵌入投射小句，及其实现评价意义的人际功能。

（37）What's very good about this play is ［［that it broadens people's view］］.

通过检索式"what * ［j*］about * is"搜索 COCA 语料库，得到前二十高频表达如下，如表 6.18 所示。

表 6.18 "What's + 形容词 + about" 前二十高频表达

序号	表达	频次	序号	表达	频次
1	WHAT'S INTERESTING ABOUT THIS IS	43	11	WHAT'S COOL ABOUT THIS IS	5
2	WHAT'S GREAT ABOUT THIS IS	24	12	WHAT'S FUNNY ABOUT THIS IS	5
3	WHAT'S GREAT ABOUT IT IS	20	13	WHAT'S NICE ABOUT IT IS	5
4	WHAT'S INTERESTING ABOUT THAT IS	19	14	WHAT'S GOOD ABOUT THIS IS	4
5	WHAT'S INTERESTING ABOUT IT IS	14	15	WHAT'S FUN ABOUT IT IS	4
6	WHAT'S NICE ABOUT THIS IS	11	16	WHAT'S REMARKABLE ABOUT THIS IS	4
7	WHAT'S AMAZING ABOUT THIS IS	8	17	WHAT IS INTERESTING ABOUT THEM IS	4
8	WHAT IS INTERESTING ABOUT THIS IS	7	18	WHAT'S FUNNY ABOUT THAT IS	3
9	WHAT'S IMPORTANT ABOUT THAT IS	6	19	WHAT'S FASCINATING ABOUT THIS IS	3
10	WHAT'S DIFFERENT ABOUT IT IS	5	20	WHAT'S EXCITING ABOUT IT IS	3

表 6.18 中所显示的各种表达显示，鉴赏意义是最高频的表达，并且是反应意义（reaction）居多，包括影响类（如 "INTERESTING" "EXCITING"）和品质类（如 "GREAT" "FUNNY"），也有少部分价值类（如 "IMPORTANT"）。相比较之下，汉语并没用严格意义上对应的假拟分裂句，因为英语中以 "what" 为关系从句代词引导的小句，汉语是不存在的，更多的是以 "……的" 作为级转移，对应的是表 6.12 中的表达。

五、总结

本章首先从系统功能语言学的人际意义出发，用评价理论和语义韵理论对嵌入投射的人际意义特征进行考察。首先考察了范畴化嵌入投射名词中心语的评价功能，发现名词中心语除了事例类（cases）、机会类（chances）、证明类（proofs）和需求类（needs），还有命运类名词（fate）、义务类名词（obligation）、能力类名词（ability），都是根据态度系统中"判断"子系统的观察。从反应、构成和评估三方面来看，反应是对事物吸引力的评价，但这方面能构成嵌入投射的名词不多，观察语料库发现"excitement""pleasure""anger""anxiety"等与情感表达密切相关的名词可以构成嵌入投射，表达嵌入小句所建构的事件是令人兴奋的、令人生气的或是令人担心的。"构成"意义主要是对事物的复杂度进行鉴赏，即表达对事物简单、和谐、平衡、复杂、困难等状态的判断。英语里面常见的中性词有"difficulty"和"problem"。"评估"意义表达对事物价值的判断，具体包括原创性、经济性、特殊性、标志性等（"exception""effect"）。汉语在评估意义上更容易形成范畴化嵌入投射结构的特点，英语较少使用范畴化嵌入投射结构表达评估意义。

其次，本章尝试考察名词中心语的语义韵倾向，当"saying"以嵌入投射结构出现时，其前面的形容词以正面居多（如"famous"、"trustworthy"和"popular"），汉语"的＋形容词＋说法"组合语义韵是比较中性的。"idea"正面意义（如"good idea""great idea"）比负面意义（如"crazy idea"）多，"想法"语义韵也是偏中性。"错误看法"是最高频出现的带明显评价意义的搭配，"粗浅看法"反映国人的自谦文化，是汉语独特的人际意义表达。"fact"语义韵基本以聚焦意义为主，如"very fact""simple fact""mere fact"等。汉语"事实"的语义韵和英语的"fact"有明显差异，汉语的语义韵负面居多，如"错误事实""残酷事实""严峻事实""严酷事实""严重事实""悲惨事实""可怕事实"等，给人一种现实是残酷的总体文化意向。

最后，本章考察了非范畴化嵌入投射的评价意义倾向，以汉斯顿和汤普森（2000）发现的评价意义型式为出发点，分别考察了英语的"it is＋形容词＋that""it is＋名词词组＋that"，汉语的"是＋形容词＋的""形容词＋的是""是个＋名词""是有＋名词＋的"，主要发现有：英语里面的最高频表达是"it is clear that"，但是汉语看不到相应的表达，汉语最高频的"是真的"与英语的"it is true that"形成呼应，汉语中的评价意义倾向于对行为进行判断，汉语结构较为松散，更像是插入语或者是附加语。"是个……"型式的评价意义倾向显著，且用于评价人，实现鉴赏意义（如"是个好人"）或者聚焦意义（如"是个男人"）较多，但是对人的评价无法构成嵌入投射结构。"是有……的"型式的评价意义特征明显，基本都是鉴赏意义，对一个事件的可理解性（如"有道理""有原因"）和价值（如"有意义""有价值""有好处"）进行态度表达。

考察英语的"形容词 + that"发现，评价意义最为集中的还是情态意义的判断，即对事情是否应该发生的判断（如"SURE THAT""CONVINCED THAT""CONFIDENT THAT""SURPRISED THAT"），其中情感意义的表达可视为情态意义的语法隐喻，如"CONFIDENT THAT"表达自信，则是对某件事情发生概率高的判断。另外还有表达个人满意度的情感意义（如"GLAD THAT""HAPPY THAT""CONCERNED THAT"）。相比之下，汉语没有严格意义形式上对应的"LINK VERB + ADJECTIVE GROUP + THAT CLAUSE"型式，一是汉语的"高兴"兼具形容词和动词两种词性，二是汉语很少说"我高兴你来"，而是说"我想你来 / 我喜欢你来"，或是后置评述，如"你能来，我当然高兴"。

考察英语的"feel + 形容词 + that"发现，所构建的评价意义有情感意（如"I feel sad"），有判断意（如"I do feel fortunate"）以及鉴赏意（如"I feel bad"）。汉语中没有特别明显的型式标记辅助搜索，但据观察，有一种和"［feel］+ ADJECTIVE GROUP + THAT CLAUSE"对应的型式："对……感到 + 形容词"。该型式中的形容词包含对事物的情感意义（如"高兴"）、判断意义（如"乐观"）和鉴赏意义（如"好笑"），总体而言，汉语的形容词表达的意义似乎更加具体。英语的最高频是"confident"、"bad"和"good"，汉语为"高兴"、"惊讶"和"失望"，展现出英语文化中比较突出自我的文化。

考察英语的"What's + 形容词 + about"发现，鉴赏意义是最高频的表达，并且是反应意义（reaction）居多，包括影响类（如"INTERESTING""EXCITING"）和品质类（如"GREAT""FUNNY"），也有少部分价值类（如"IMPORTANT"）。相比较之下，汉语并没有严格意义上对应的假拟分裂句。

　　总之，从本章的嵌入投射人际意义研究可见，无论是英语还是汉语，嵌入投射有非常显著的评价和态度表达功能，其意义的倾向性和某些型式高度关联，是语言形式和功能高度对应统一的体现。嵌入投射在对事件进行范畴化的经验功能基础上，对人际评价意义也会进行范畴化，而是非范畴化的模式之下，嵌入小句作为一个事件，也成为评价和态度表达的对象。英语的结构化和型式化特征更为显著，汉语的型式化由于其结构标记偏少而更显松散，英汉语的评价意义倾向也基本对应一致，同时汉语中也体现出一些汉语独有的自谦自嘲等文化特征。

第七章 "嵌入投射"语篇功能英汉对比研究

引　言

在系统功能语言学理论框架中，语篇功能是指语言提供将意义编排成可理解的文本资源，即语篇元功能，语篇功能在小句层面上呈现为主题和信息流，在小句以上的层面则形成信息的前后链接关系，如词汇衔接（lexical cohesion）、指代（reference）、省略（ellipsis）、联接（conjunction）等（参见 Halliday & Hasan，1976）。一些语篇资源形成小句层次的语法结构，如主题 / 主题和给定 / 新系统。在小句层次上，说话者倾向于把话语的开头和结尾作为起点和累积点给予文本上的突出地位。因此，语篇意义结构是周期性的，在做功能语法分析时，往往在小句层次上分析信息成分出现的位置，而在周期性上，语篇也如同小句一般，往往也会呈现周期性。

前面几章讨论了嵌入投射的概念功能和人际功能，可见英汉语有诸多相似之处，在名词中心语端形成范畴化的结构，本质上与语法隐喻有关，同时在人际功能方面，名词和嵌入小句都有强烈的评价意义表达动因。本章则将重点聚焦这些意义在小句层次上的信息结构特征（例如"the fact that"和"的事实"倾向于出现在小句的什么位置），以及在小句以上层次语篇中的分布规律（如英汉语如何通过嵌入投射名词各种关联指代关系）。本章首先对语篇功能理论框架进行简要介绍，然后对英语和汉语的相关功能在小句以及小句以上的篇章层次进行对比描述。

一、理论背景：语篇功能

系统功能语言学将语言的语篇功能通过三个子系统进行描写，即主位—述位系统（或称为主位结构）、已知信息—新信息系统（或称为信息结构）、衔接系统（参见胡壮麟等，1992）。

主位（Theme）即小句是出发点，以结构的复杂程度，还可分为"单项主位"、"复项主位"和"句项主位"。

单项主位是指一个不可以再切分更小的功能单位，表现形式为一个名词词组、副词词组或介词短语，例如：

（1）The man in the wilderness（主位）said to me（述位）。

复项主位则是指由多种语义成分构成的主位。这里涉及句首成分与概念意义和人际意义之间的互动关系，即主位成分中有表示概念意义的成分，同时也有可能表示语篇意义和人际意义的成分，如果三种成分同时出现在一个主位中，排列顺序通常是语篇先于人际成分，人际成分先于概念成分。语篇成分包括"yes, no, well"等"连续成分"（continuative），"and yet, so, even, if, however"等"结构成分"（structural）和"therefore, in other words, as far as that is concerned"等"连接成分"（conjunctive）。人际成分则包括"certainly, to be frank, broadly speaking"等"情态成分"（modal），一般疑问句中的"限定成分"（finite）（如"Do you know?"中的"Do"），"John, Mrs Jones"等"称呼成分"（vocative）。概念成分则指"主题成分"，又称为"主题主位"（topical theme），传统语法中讲到的"主题—述题"（topic-comment）结构所对应的成分（参照 Li & Thompson，1989）。例如：

（2）Well but then（语篇主位）Ann（人际主位）surely（人际主位）wouldn't（人际主位）the best idea（主题主位）be to join the group?

例（2）中的主位属于复项主位，"Well but then Ann surely wouldn't the

best idea"都是主位,其余部分为述位。前面的"Well but then"表达语篇意义,"Ann surely wouldn't"分别属于称呼、情态、限定成分,表达人际意义。"the best idea"是主题成分,表达概念意义。值得一提的是,福赛特(Fawcett,2007)认为,主位分析应该聚焦在主题主位,即表达概念意义的成分,其他表达语篇意义和人际意义成分不是言语者的选择,而是语法或者形式的要求,因此不应该进入主位分析的考虑。在本章的分析中,对嵌入投射的分析也倾向于分析"主题主位",不考虑单纯的语篇意义和人际意义成分。

句项主位是指整个小句充当主位,这与本书聚焦的嵌入投射有非常密切的关系。句项主位对应传统语法所说的主从复合句中的主句和从句,都可以成为句项主位,例如:

（3）Give that teapot away（句项主位）if you don't like it.

例（3）中的"Give that teapot away"为句项主位,由整个小句充当主位,小句中也可以进一步作主位分析,"Give"是小句的主位。

主位分析还可进一步按照其主语地位（人际意义分析中的"主语＋限定成分"意义上的主语）划分为无标记主位（unmarked theme）和标记主位（marked theme）。例如:

（4a）He（无标记主位）dictated his will.

（4b）Me（标记主位）they blame for it.

例（4a）中的主位"He"同时作为小句的主语,故其状态是无标记的。例（4b）中的"Me"不是小句的主语,主语是"they",所以状态是标记的。

除了主位结构,系统功能语言学还留意到信息结构,即发话人传递给受话人的信息安排,按照语境可把信息内容分为"已知信息"（Given）和"新信息"（New）,信息结构则是已知信息和新信息相互作用而构成的信息单位结构。

信息结构一般通过语调去体现,形成信息中心（information focus）,新信息的最高点（culmination）,但是在书面语中,信息结构和句子结构会形成对应关系。一般而言,信息单位的构成形式是:（已知信息）＋新信息。

也就是说，已知信息可有可无，新信息是信息单位的核心。通常来说，新信息的最高点往往是信息单位的最后一个位置。例如：

（5）it needs to have love.

例（5）中，新信息的最高点落在小句的末位"love"。当然，新信息也可以落在别的位置，作为说话的起点，也会有一些语法标记信息中心。

衔接系统则描写的是语义关系，是一个语义概念，是指语篇中语言成分之间的语义联系，当一个成分的含义依赖另一个成分的解释时，便构成衔接关系。衔接的手段主要有五种：（1）照应（reference）；（2）省略（ellipsis）；（3）替代（substitution）；（4）联接（conjunction）和（5）词汇衔接（lexical cohesion）。简单地说，照应是指一个成分作为另一个成分的参照点，人称代词是典型的表现形式。省略是指语篇中的某个成分省去不提，避免重复。替代是指使用替代词去取代某一个成分，例如"one"是常见的替代词。联接是指各种连接成分的使用，如"if""because"，等等。词汇衔接是指使用词汇上的重复、同义词、反义词、词汇共现等来体现语篇中的语义联系。

二、研究方法

本书对嵌入投射的语篇功能观察也是基于大型语料库，但是由于语料库的数据比较庞大，需要对案例进行抽样分析，具体抽样流程如下：

（1）以嵌入投射系统网络为导向，选取代表性的词汇或者结构型式对英语的 COCA 语料库和汉语的 BCC 语料库进行检索。

（2）根据检索结果，导出前 100 索引行，并导入 excel 进行语篇功能标注。

（3）在小句层次上标注"主位""述位""已知信息""新信息"等功能。

（4）在小句以上层次上标注"照应""省略""替代""联接""词汇衔接"等功能。

三、范畴化 "嵌入投射" 的主位分布规律

通过搜索 COCA 语料库 "the idea that"，随机抽样前 100 例，发现处于主位的例子 28 个，即近 30% 的概率嵌入投射作为话题，使用思想嵌入投射作为主位的倾向不明显，见例（6a）—例（6d）（下划线代表 "the idea that" 名词词组结构）。当嵌入投射名词作句子的出发点时，往往整个小句的主语比较长，信息流上显得 "头重脚轻"，根据末位重心原则（end weight principle），是英语中普遍认为不太受欢迎的信息安排，因此出现在主位的概率较低（下文其他名词进一步印证）。

（6a）The idea that this President would know what a great day for the FBI or a great day for democracy was is preposterous.

（6b）The idea that people move to Portland to get away from litter, graffiti, teenage mothers yelling at babies, break-ins and violence is way too simplistic.

（6c）Meanwhile, the idea that fundamental particles are actually tiny bits of vibrating string was taking off.

（6d）So the idea that proximity is a positive could have originated in models that aren't applicable.

嵌入投射在名词范畴化的基础上，实现了将小句划入主位的功能，类似于 "句项主位"，而其中的范畴化名词中心语充当了预指功能，类似于 "It"（王勇，2005），也类似于福赛特（2007）所说的 "主位引发语"（thematic build-up）（黄国文，1996），即 "the idea" 作为一个语义抽象度高的名词，预指后面的 "that" 小句，把其囊括进主位，告诉听话者真正的出发点是 "嵌入小句" 所表达的事件（系统选择之下可以是思想、说法或事实），以这个事件为出发点，后面进行评价，如例（6a）的 "preposterous" 和例（6b）的 "simplistic"，或是隐喻式的动作，如例（6c）"taking off"，例（6d）的 "originated"。

通过搜索 COCA 语料库 "the statement that"，随机抽样前 100 例，只有 11 例用于主位，有 14 例不是嵌入投射的结构（如 "The statement that you make"），剩下 75 例出现在述位。

（7a）The statement that military bases are "filled with soldiers and guns" is mendaciously false because soldiers（and everyone else other than base police, including civilians with state carry permits）are forbidden to carry firearms for personal protection on homeland bases.

（7b）The statement that specific texts are emotionally neutral seems clearly false, and it also seems out of accord with Bob's subsequent statement.

（7c）The statement that "We can quantitatively claim reliable evidence... that 0.911C heat energy is now distributed in the dynamical biosphere/climate system" is quite simply false.

从上面几例出现在主位的言语嵌入投射可见，其作为评价意义对象的动因更加明显，而且嵌入小句更多地使用了双引号去引述原话，评价基本是判断说法的真实性，如例（7a）的"mendaciously false"、例（7b）的"clearly false"和例（7c）的"simply false"。

搜索"the fact that"事实嵌入投射，其作为主位成分的分布频率大幅上升，出现 38 例主位成分的情况，举例如下：

（8a）The fact that I was getting paid to jump out of airplanes and shoot things blew me away.

（8b）However, the fact that the high school students formed their own groups resulted in many friendship-based groups.

（8c）The fact that we have so few icons is tragic.

（8d）Despite the fact that Reagan defended the actions by virtue of their good intentions, his honesty was doubted.

（8e）Despite the fact that the learning subject of the present research differs from those of other relevant studies, the findings coincide with the respective results that support the positive influence of integrated movement programs on academic knowledge（Schnirring, 1999; Werner, 1996, 1999, Winker 1998; Zervou et al., 2004）.

"The fact that"作为一个事件的主位引发语，自然形成了评述的对象，如例（8a）的"blew me away"，例（8c）的"tragic"，对事件的评价发生频率高于对思想和言语的评价，这是可以理解的。另外，例（8d）和例（8e）显示，"Despite the fact that"也是常见的"句项主位"，这个固定表达是"the fact that"处于主位位置频率上升的重要原因。

综上所述，英语中的范畴化嵌入投射总体上有30%~40%的概率以主位成分形式出现，其主要动因是对嵌入小句进行评价，其名词中心语类似于主位引发语（thematic build-up），也有一定是预指功能，在主位结构上发挥了重要的作为，构成"话题—评述"功能结构。

用"的想法"检索BCC语料库观察汉语的思想嵌入投射主位分布规律，由于汉语没有明确的嵌入小句标识（不管修饰语是形容词还是小句，汉语的标记都是"的"），须手动挑选嵌入小句前100例进行观察。与英语相比，汉语的嵌入投射出现在主位的案例只出现2例，举例如下。

（9a）<u>成功不需要努力的想法</u>，要尽早放弃。请你努力做一切能帮你成功的事！努力找寻成功的方法。

（9b）今天再看新湖果岭这个盘，哎呦不错哦！<u>如果依照买涨不买跌的想法</u>，那就跟低吸高抛的思想矛盾，所以说真正的看得透行情的没几个！

例（9a）中，"成功不需要努力的想法"作为"放弃"的宾语，前置到主位的位置，具有明显的话题标记性（marked）。而例（9b）中，"买涨不买跌的想法"是"依照"的宾语，构成因果关系小句复合体中的如果从句，为句项主位。从这两例可见，汉语的嵌入投射几乎是作述位，不以小句的话题出现，而是作为评论出现，体现小句的新信息。具体观察这些述位的案例，其搭配的动词以关系过程为主（有/产生/萌生），物质过程小句（抱着）。其中"有……想法"28例，"抱着……想法"15例，"没有……想法"7例。换言之，汉语的"思想嵌入投射"更多的是投射小句复合体的一种降级的隐喻式。只是嵌入投射强调的是这种想法的某种存在状态，而不会像英语那样，强调对想法进行评价。

（10a）其实一开始，我并没有想到这些好处，我只是抱着完成我的使命的想法。

（10b）有时也会产生"算了吧就我这样不可能玩得好COS所以放弃吧"的想法。

（10c）皮肤缺水的情况，所以对于娇韵诗兰花面部护理油这款新品非常有购买的想法。

以上面三个例子说明其为思想投射的隐喻式，即把思想投射小句复合体降级表达为属有（possessive）关系过程小句，例（10a）中，"我只是抱着完成我的使命的想法"的一致式（congruent form）是"我只是想完成我的使命"。例（10b）中的产生"算了吧就我这样不可能玩得好COS所以放弃吧"的想法的一致式（congruent form）是"我觉得／想：算了吧就我这样不可能玩得好COS所以放弃吧"。例（10c）中，"有购买的想法"的一致式（congruent form）是"想购买"。从信息结构的角度分析，嵌入投射整体把"想法"置入小句的末位焦点位置见表7.1的主位结构和信息结构分析。

表7.1 思想投射小句复合体和思想嵌入投射的主位结构和信息结构

我想	"算了吧就我这样不可能玩得好COS所以放弃吧"
句项主位	句项述位
已知信息	未知信息
有时也会产生	"算了吧就我这样不可能玩得好COS所以放弃吧"的想法
主位	述位
已知信息	未知信息

如表7.1所示，在投射小句复合体中的句项主位和句项述位，降级"浓缩"为一个小句中的述位和小句末位，使得"想法"信息更加凸显和紧凑，更加聚焦"想法"的出现，"产生"成为小句的主位、出发点、话题，而不是"我"为出发点，同时，由于隐藏了主语"我"，以"产生"为出发点，有点作格模式语义效果，即不是"我"主动思考的，而是周围环境促使／触发我想法的产生。

用同样的方法研究"的说法"，选取嵌入投射前100例进行抽样分析，发现其总体分布规律与 "的想法" 不同，有 18 例处于主位位置，其在主位位置时，作为评述对象的功能非常明显，部分举例如下（下划线表示嵌入投射结构）：

（11a）所谓的 "只要报案就立案侦查的说法"，在法律上是站不住脚的。

（11b）北约所坚持的含铀弹药对士兵毫无危险的说法 "是错误的"。

（11c）《睡眠障碍的对应和治疗指南》一书指出，人每天必须保证有 8 小时睡眠的说法 "没有任何学术上的根据"，只要不发困就行。

例（11a）中，"只要报案就立案侦查的说法" 作为评述对象，是小句的出发点，小句关系过程 "是" 对 "说法" 进行评价。类似地，例（11b）和例（11c）中的 "说法" 都是小句的主题，并且在这些案例中，语义韵都是负面的。

与英语不一样的是，汉语的 "说法" 后置于嵌入小句，因此不会有类似主位引发语的功能，更多的类似实现主位的标识功能（关于汉语的话题标记研究，参见雷莉，2001；徐杰，2003）。研究表明，汉语的语气词是话题标记的重要手段，例如："汗呢，只管钻出来钻出来。"（茅盾《雷雨前》），这里的语气词 "呢" 实际上是把 "汗" 的主位地位标记出来。用同样的思路分析上面的例（11c），改写如下：

（12a）人每天必须保证有 8 小时睡眠的说法没有任何学术上的根据。

（12b）人每天必须保证有 8 小时睡眠没有任何学术上的根据。

例（12a）中的 "说法" 实际上是空的，没有实际意义，但是其把 "人每天必须保证有 8 小时睡眠" 这个话题标记出来了，凸显其作为一个评价对象。相比之下，例（12b）的意义是一样的，但是话题凸显度就不如例（12a）那么高了。由此可见，英语的嵌入投射名词实现类似主位引发语的功能，汉语的嵌入投射名词可相应地实现话题标记功能。

考察剩下的 82 例处于述位的 "的说法" 例子，发现其对应的小句过程类型比 "的想法" 更加丰富多样，但总体而言也是关系过程类型小句例子居多，其中"有 / 没有 / 木有"占了 34 例，"来源 / 存在 / 诞生 / 流传"等存在类的过程占 11 例，这里不再赘述。

汉语的言语嵌入投射还有一个显著特征，就是经常出现"引用"（quote）的情况，例如：

（13a）藕：有<u>"暑天宜食生藕、秋凉宜食熟藕，生食宜鲜嫩、熟食宜壮老"</u>的说法。

（13b）才明白原来<u>"平淡也是一种幸福馄饨侯"</u>的馄饨有<u>"皮薄如纸"</u>的说法。

汉语在嵌入投射结构中使用引号可以使"的说法"之前的信息以小句群的形式出现，充分体现了汉语小句结构松散的特征。从语篇功能来说，引用的信息进入了小句的末位焦点位置，有信息焦点的双重标记功能，即双引号是信息焦点标记和"的说法"的末位信息焦点标记。例（13a）中的"暑天宜食生藕、秋凉宜食熟藕，生食宜鲜嫩、熟食宜壮老"是四个并列小句构成的修饰语，整个小句群成为信息焦点。而例（13b）中的"皮薄如纸"则比较简短，同样展现出信息焦点双重标记功能。同时，"的说法"也产生了一种客观传信意义，即表达了这是一种众人的评价，并非作者自己的说法。从这个角度分析"的说法"，其信息焦点标记功能以及篇章互文引用功能是汉语的一大特征。

考察"的事实"的前 100 个嵌入投射案例发现，汉语的事实嵌入投射基本不出现在主位，只有 3 例作为主位出现，例如：

（14a）皇后的过程经过，他们都是知道的。但<u>莱因哈特的生命一再受到暗算的事实</u>，则是初次得知。

（14b）<u>生活节奏的加快、生活压力的增大、饮食过精过单一的事实</u>，让女性的身材开始走向"圆圆满满"。

例（14a）中的"莱因哈特的生命一再受到暗算的事实"是"得知"的宾语，前置到主位。例（14b）的事实嵌入投射则是话题主位，也是"让"致使小句的"施事"（agent）。但是事实投射形成的主位的概率不高，大部分都是处于句末焦点位置。

汉语的事实投射为何会成为末位焦点，成为新信息呢？通过对语料观察发现，汉语的事实投射倾向于出现在各种心理过程、物质过程和言语过程小句中，都是在表达说话人对"事实"状态的强调，凸显事实状态的重要性，以"的事实"为标记，把嵌入小句所构建的事件处于末位焦点之中，让事实以"新信息（NEW）"的位置出现，达到某种对比论证功能（提醒听话人，别忘了还有这么一个"事实"）。

四、非范畴化"嵌入投射"的主位和信息结构分布规律

英语的非范畴化嵌入投射有非常典型的主位分布特征，即评价型强势主位结构（黄国文，1996；王勇，2011；张克定，2007；苗兴伟，2007；田笋、苗兴伟，2011；柴同文，2007；郝兴刚、李怀娟，2014；邵春，2016），是功能语言学的一大研究热点。其中田笋、苗兴伟（2011）对评价型强势主位结构的组篇功能（语篇功能）作了较为全面的归纳。

根据科林斯（Collins，1994：20），评价型强势主位结构中的嵌入小句包含的信息内容比较复杂，既有回指照应，又有语篇中的新信息，嵌入小句做主语的语篇出现概率比评价型强势主位结构低，除非主语小句包含旧信息。例如：

（15）Karl Christian was a small-time farmer, trader and gardener. The family was poor and <u>it is likely that</u> he rented from landowners the two or three hectares where he gathered hay and grew fruit and vegetable.

此处的"it is likely that"为强势主位结构，嵌入小句"he"回指了"Karl Christian"，对"Karl Christian"的信息进行了扩展，即包含了新信息，作为信息焦点，又对信息进行了强化评价。田笋、苗兴伟（2011）统计结果表明，评价型强势主位结构中，71.5%的嵌入小句表达了新信息，当嵌入小句作主语时，80.2%表达了旧信息。也就是说，非范畴化嵌入投射的使用分布与新旧信息组篇功能高度相关。

评价型强势主位结构在表达评价意义的同时，以评价意义为出发点引出新信息。

其中第一个组篇功能便是引发功能，在语篇的展开时成为语篇超级主

位（hyper theme），下面是来自《傲慢与偏见》的典型案例：

（16）It is a truth universally acknowledged that a single man in possession of a good fortune must be in want of a wife.

评价型强势主位结构在语篇的边界地带出现，实现过渡功能。例如：

（17）They wish to contribute, but feel frustrated by the time they are wasting, and long to return to teaching and research.

It is difficult-or impossible for people outside Oxford, used to normal management processes, to deal with those who hold executive titles but who do not have executive functions. Outsiders expect to negotiate agreements officers on the basis that the results of with responsible such negotiation will be honoured.

评价型强势主位结构在表达评价意义的同时，在语篇结尾处提供超级新信息（hyper-new），是对信息的最高点提炼（cumulation）。通常与因果关系连词共线，例如：

（18）In the 1940s only one in ten women did not have children; now that figure is almost one in four. Women are also having children later: the average age for having a first child is nearly 30. It is thus harder to talk about a maternal instinct when there is so much evidence that it is being overridden.

评价型强势主位结构在表达评价意义的同时，对上文内容进行及时反馈和补充说明，例如：

（19）This scepticism was apparently confirmed when lain Duncan Smith emerged as the new leader. Yet Dun-can Smith too was soon talking up sensibility, and the party was being urged to be inclusive and nice, and to reject those who whored after the darker gods of class, nation, race or moral authoritarianism. A hunt for extremists to expel was duly launched. It is hard not to interpret this as a feeble imitation of the New Labour project.

相对比之下，汉语由于没有预指代词"it"的用法，相应地未出现评价型强势主位结构，但是其以嵌入小句构建新信息进行评价的结构也可实现类似的组篇功能。

通过对语料库观察，汉语的评价型强势主位同样是实现对内容及时反馈和补充说明，并且信息对比的功能非常明显，例如：

（20）在顺境下谈坚守原则，谈热爱党，尽管怎样激烈，也是容易做到的。难的是在逆境下不畏淫威，对党的信念始终不动摇……

例（21）中，"难的是"是相对于前面"也是容易做到的"。

汉语实现超级主位引发功能很少用"的是"结构，更多采取存在句结构引入主题，例如网络小说《横推诸天从风云开始》的第一句：

（21）大离王朝，龙渊省。

第二大世家，苏家。

一大早，登仙园中，就有苏家的年轻子弟开始了修行，练武。

再看《西游记》第一回的超级主位：

（22）诗曰：混沌未分天地乱，茫茫渺渺无人见。

其更多是通过诗歌、传说，对一些事实进行评价，比较少通过"评价型强势主位结构"进行语篇引发和超级主位。

除了信息对比关系，还有语篇递进关系，把更重要、更值得关注的信息引出，举例如下：

（23a）……一家好医院的标志，不仅表现在服务态度上，更重要的是体现在医疗水平和医疗质量上。于是，黄河医院抓紧培养医务人才。

（23b）这种状况，威胁的不光是水利部门，更重要的是将用水部门处于危险的境地。

（23c）学到的也会更多，丰富自己的阅历，锻炼自己的胆识跟能力，最重要的是内心的坚强。

另外，王赛珈（2020）发现，"问题是"在话语中具有语篇组织和言者态度功能，在现代汉语中，"问题是"的使用主要有两种：一种是名词"问题"和判断词"是"分别在句中充当句法成分，另一种是作为一个整体在话语中充当篇章连接成分，例如：

（24）主持人需要承认自己的不足。问题是，主持人怎么做才能算优秀，更重要的，现实允不允许主持人优秀。

此处是"问题"作为空壳名词，实现组篇功能，施密德（2000）指出外壳名词实现语用、修辞与篇章功能主要有三种方式：聚焦和话题，联系，路标。在"名词＋是＋小句"模式中，"事实类"外壳名词（如"事实"）和"言说类"外壳名词（如"问题"）在语义上最为笼统，当其位于句首时，从命题的角度看属于冗余成分，之所以会出现是因为说话人想要更加关注外壳名词的"内含"，因此"外壳—内含"复合体构成了特殊的焦点结构，这一焦点结构的出现通常基于以下四点：其一，说话人认为某一信息单位很重要，因此想要对其进行强调，此时为强调性焦点；其二，说话人接下来所要说的内容同之前话语中的内容或者听话人所认为的内容形成对比，此时为对比性焦点；其三，说话人想要表达某种评价性的言外之意，可能涉及犹豫；其四，说话人使用这一模式来为自己思想的组织和语言的转换赢得更多时间。

由此可见，无论是英语还是汉语，嵌入投射结构具备非常显著的组篇功能动因，而汉语中"形容词＋的是""外壳名词＋是"形成了某种话语标记语，是一种话语标记成分语法化过程的体现。

最后值得注意的是，由于英语的嵌入投射小句以"that"为标记，后置于嵌入投射名词作后置修饰语，其结构不太依赖衔接指代，汉语则不同，其流水句结构非常显著。下面几例说明汉语以衔接指代流水句结构表达投射意义，而没有选择嵌入投射结构。

（25a）甚至还有这种说法：池塘里若是开白色荷花，那末池塘里的水不仅不能浇灭熊熊燃烧的国家命运之火，反而会使烈火越烧越旺。

（25b）是啊，孔子是典型的春秋笔法，为尊者忌！中国古代还有种说法：不言师！

（25c）但是北京老百姓们还有另一种说法……明朝定都北京，要重修北京城。

（25d）中国的知识分子们很早以前就非常憎恨暴力。从中国的古典文学也能看出这种想法。中国在五千年中没有一次是用武力来解决问题的。

（25e）两个双胞胎已洗过澡了，<u>这是一个无可辩驳和值得尊重的</u>
<u>事实。</u>

（25f）我从不曾隶属于哪个组织，一直是独自孜孜矻矻谋生，
二十一二年时间里切切实实看明白的<u>事实只有一个</u>，即"个人同组织
吵架，获胜的毫无疑问是组织"。

以上几例都是可以有嵌入投射结构的对应表达，例（25b）可以改写
为"中国古代还有种不言师的说法"。但是汉语采取了衔接指代的方式进
行。也就是说，用语篇衔接推进的方式替代小句内的主位/信息结构。例
（25a）中，"这种说法"后指"池塘里……"小句群的信息，当然由于该
信息过长，比较难形成嵌入投射结构，不然修饰语会过长，不符合汉语的
用语习惯。例（25d）的"这种想法"是前指"中国的知识分子们很早以
前就非常憎恨暴力"，可将其改写为"从中国的古典文学也能看出中国的
知识分子们很早以前就非常憎恨暴力的想法"。例（25e）和例（25f）分别
展示了"事实"名词的前指和后指。例（25f）中的后指还配合了衔接词
"即"和双引号的使用，双引号在此具备信息上的强调功能，也在形式上
反映了投射意义特征（与言语投射中的直接引用在形式上一致）。

可以推断，由于汉语在受到英语影响之前，名词词组修饰语过长是很
少出现的，因此汉语的嵌入投射结构出现频率会较英语低，取而代之的是
利用语篇衔接、指代关系来构建相应的语义，这一点应进一步通过语料库
数据去印证。

五、总结

本章基于系统功能语言学理论的语篇功能框架之下，重点考察了范畴
化嵌入投射，即"the idea that""the statement that""the fact that"随机抽样
前100例的语篇分布规律，并对比汉语在语义上较为对等的"的说法""的
想法""的事实"的前100例的语篇分布规律。主要的研究发现如下：

COCA语料库"the idea that"近30%的概率嵌入投射作为话题。当嵌
入投射名词作句子的出发点的时候，往往整个小句的主语比较长，信息流

上显得"头重脚轻"。嵌入投射在名词范畴化的基础上，实现了将小句划入主位的功能，类似于"句项主位"，而其中的范畴化名词中心语充当了预指功能，类似于"It"，也类似于福赛特（2007）所说的"主位引发语"（thematic build-up）（黄国文，1996），即"the idea"作为一个语义抽象度高的名词，预指后面的"that"小句，把其囊括进主位，告诉听话者真正的出发点是"嵌入小句"所表达的事件（系统选择之下可以是思想、说法或者事实），以这个事件为出发点，后面进行评价。

"The statement that"作为评价意义对象的动因更加明显。"the fact that"事实嵌入投射，其作为主位成分的分布频率大幅上升，对事件的评价发生频率高于对思想和言语的评价，另外，例（8d）和例（8e）显示，"Despite the fact that"也是常见的"句项主位"，这个固定表达是"the fact that"处于主位位置频率上升的重要原因。这个是英语独特的现象。

总之，英语中的范畴化嵌入投射总体上有 30%~40% 的概率以主位成分形式出现，其主要动因是对嵌入小句进行评价，其名词中心语类似于主位引发语（thematic build-up），也有一定是预指功能，在主位结构上发挥了重要的作用，构成"话题—评述"功能结构。

观察"的想法"数据发现，汉语的嵌入投射几乎均作述位，不以小句的话题出现，而是作为评论出现，体现小句的新信息。汉语的"思想嵌入投射"更多的是投射小句复合体的一种降级的隐喻式。只是嵌入投射强调的是这种想法的某种存在状态，而不会像英语那样，强调对想法进行评价。

与英语不一样的是，汉语的"的说法"后置于嵌入小句，因此不会有类似主位引发语的功能，更多为类似实现主位的标识功能。因此，英语的嵌入投射名词实现类似主位引发语的功能，汉语的嵌入投射名词可相应地实现话题标记功能。

汉语的言语嵌入投射还有一个显著特征，就是经常出现"引用"的情况，汉语在嵌入投射结构中使用引号可以使"的说法"之前的信息以小句群的形式出现，充分体现了汉语小句结构松散的特征。

汉语的事实投射高概率成为末位焦点，都是在表达说话人对"事实"

状态的强调，凸显事实状态的重要性，以"的事实"为标记，把嵌入小句所构建的事件处于末位焦点之中，让事实以"新信息"的位置出现，达到某种对比论证功能（提醒听话人，别忘了还有这么一个"事实"）。

无论是英语还是汉语，非范畴化嵌入投射有显著的组篇功能动因，英语的评价型强势主位结构的主语语篇功能是：在表达评价意义的同时，引发新信息，并在语篇中可作超级主位、语篇过渡、超级新信息等功能。

汉语没有评价型强势主位结构，相应的典型表达是"形容词 + 的是"和"外壳名词 + 是"，可以说经历了语法化过程形成了话语标记成分，形成焦点结构，凸显重要信息，形成信息对比和语篇推进。在语用上体现评价的言外之意、犹豫或者争取话语时间等功能。

语料库显示，汉语由于缺乏类似"that"的标记，以及其修饰语前置于中心语的类型学特征，比较难接受长修饰语作为嵌入投射结构，因此更倾向选择以衔接指代流水句结构表达投射意义。

第八章 "嵌入投射"的类型学参数

引 言

本章基于第四章到第七章的经验功能、人际功能和语篇功能，讨论嵌入投射在跨语言对比过程中的类型学参数。所谓类型学参数，是指在跨语言比较过程中可能出现差异的分析切入点，本书主要作的是英汉对比分析，但其在发现英汉差异的同时，可归纳整理出可用于多语言对比研究的不同方面，这些方面可归纳为类型学参数，以扩展本书的类型学价值。

类型学参数既可以作为跨语言对比的分析框架，也可以作为翻译研究的观察切入点，因此本章对前面四章的元功能视角英汉对比进行阶段总结，也为进一步的应用研究作铺垫。

一、"嵌入投射"跨语言对比的类型学参数

本节对嵌入投射语言作"嵌入投射范畴化的来源""嵌入投射的参与者角色特征""嵌入投射的形式标记""范畴化嵌入投射中心语的评价意义特征""范畴化嵌入投射中心语的语义韵特征""非范畴化嵌入投射的评价意义倾向""范畴化嵌入投射的主位述位分布特征""非范畴化嵌入投射的主位和信息结构分布特征"八个类型学参数归纳，为投射语言现象的多语言对比和分类提供更为概括性的视角，下面具体阐释。

参数 1：嵌入投射范畴化的来源

嵌入投射的名词中心语是对小句信息的范畴化，是投射动词和事件（零形式）的语法隐喻结构，英语有部分投射动词不需要有形式上的屈折变化（如 "report、report"），有一大部分是经历了屈折变化而来（如 "state、statement"），也有语义上的对应，不涉及屈折变化（如 "think、idea"），事实名词则会找不到原来的动词形式（如 "ø、fact"，ø 代表无相应形式），如果事实名词携带评价意义（如情态意义），则往往来自形容词、副词的屈折变化（如 "possible、possibility"）。

由于类型学特征不同，汉语的词性没有明显的形式特征，动词名词兼类现象普遍，汉语更多的是把动词直接用作名词（如 "争论、争论"），或者是以带有投射过程意义的语素组合构成（如 "述、陈述"）。还有部分特别的语素构成名词（如 "说、说法"）。事实名词也同样来自零形式（如 "ø、事实"），但是汉语的形容词、副词和名词之间没有明显形式特征差异，如 "可能" 可以作名词，也可能通过语素组词，如 "可能性"。

总之，嵌入投射的名词中心语背后的机制是语法隐喻，而名物化的过程涉及与投射过程动词之间的屈折关系转换问题，其中多少有转换关系，多少是有独特的构词法形成，多少是对应零形式，不同语言会展现出不同的特征。如果一个语言的大多数名词与投射动词之间形成来源关系，不是另行组合构词的，我们可以称为 "投射显性语言"（projection-explicit language），如果大部分看不到明显的对应关系的，我们可以称为 "投射隐性语言"（projection-implicit language）。英汉语的名词中心语与投射过程关系都有显著的对应关系，可视为 "投射显性语言"。

参数 2：嵌入投射的参与者角色特征

嵌入投射的整个单元是一个名词词组，其出现在小句中可以用及物性分析（transitivity analysis）中的参与者角色进行描述。根据我们对范畴化嵌入投射的研究，英语的嵌入投射可作 "目标""现象""载体""属性""存在物""拥有物""言语内容""价值"。相应地，汉语的嵌入投射可作 "目标""言语内容""属性""存在物""拥有物""价值"。基本上，范畴化嵌入投射英汉表现差异不大。

非范畴化嵌入投射英汉同样差异不大，英语的非范畴化嵌入投射集中作"现象"、"言语内容"、"价值"、"载体"、"属性"和"标记"。汉语的非范畴化嵌入投射集中作为"现象"、"言语内容"、"价值"、"载体"和"标记"。但是，从类型学角度看，英语结构紧凑，"that"是重要标记，并且有预指功能"it"这种特殊结构。汉语结构相较之下比较松散，有时候成分的范围划分不是很清晰，比较容易一直叙说下去到句号为止。这里我们可以区分出结构松散型语言（loose structure language）和结构紧凑型语言（compact structure language）。英语属于结构紧凑型，即"that"小句的界限清晰，而汉语属于结构松散型，小句过程成分容易语法化为一个话语标记，例如："数据显示，今年2月份以来，中国吸收外资始终保持同比正增长。""数据显示"更像是一个插入语，作为语篇话语标记，后面可以一直续说下去，界限不清楚。

结构紧凑型语言容易产生一些功能显著的构式（construction）或者型式（pattern），如英语的"it is possible that"是传统语法和现代语言学的研究热点，其句构和功能有明显的对应关系。

参数3：嵌入投射的形式标记

通过及物性分析发现，汉语和英语嵌入投射所出现的小句和承担的成分是一致的，充分证明了嵌入投射这个概念对相关现象的适用性和概括力。对比之下，英语结构紧凑，"that"是重要标记，并且有"it is + 形容词 + that"特殊结构。汉语结构比较松散，有时候成分的范围划分不是很清晰。但是汉语在构词层面也会有一定的标记，如"法""性""及""到"等。"提及""看到"更多地构成嵌入投射，而非投射小句复合体。

从这个参数我们可以区分出语法标记型语言（grammatically marked language）还是词汇标记型语言（lexically marked language）。英语属于语法标记型语言，如"that"。汉语则属于词汇标记型语言，以一系列的语素作为区分嵌入投射的标记。

参数4：范畴化嵌入投射中心语的评价意义特征

英语的嵌入投射名词词组中心语从评价意义的判断意义（judgment）角度有：事实类（case）、机会类（possibility）、证明类（proof）、需求类

（need）、命运类（fate）、义务类（obligation）、能力类（ability）。

汉语的判断意义也是类似的，有：事实类（事实）、机会类（可能）、证明类（证明）、需求类（需求）、命运类（命运）、义务类（义务）、能力类（能力）。例句初步显示几个汉语特征：（1）嵌入投射的修饰语可长可短，例如会出现三个并列小句作修饰语的情况。（2）"义务"和"能力"与英语类似，基本是不出现行为者的，尽管汉语没有所谓的"to do"用法，但其通过行为者的省略达到了类似的语义特征。（3）汉语的这些嵌入投射往往出现在某种搭配之中，例如"挽救……命运"、"有……义务"和"提高……能力"。

英语在鉴赏意义的嵌入投射名词不多，有"excitement""pleasure""anger""anxiety"等。汉语能够形成嵌入投射的名词是"喜悦"，"开心"较少产生嵌入投射现象。"构成"意义主要是对事物的复杂度进行鉴赏，即表达对事物简单、和谐、平衡、复杂、困难等状态的判断。

英语里面常见的中性词有"difficulty"和"problem"。相比之下，汉语的"构成"意义中心语更加高频率地出现嵌入投射现象，笔者考察了负面词汇，如"困难""问题""难题"，以及正面词汇，如"顺境""便利"等。

"评估"意义表达对事物价值的判断，具体包括原创性、经济性、特殊性、标志性等。这方面前人的文献讨论较少，我们就原创性在语料库中搜索"innovation""originality"等词，未发现嵌入投射现象。汉语语言似乎更加倾向于对评估意义进行范畴化处理，并形成嵌入投射结构。

总体上，汉语在评估意义上更容易形成范畴化嵌入投射结构的特点，英语较少使用范畴化嵌入投射结构表达评估意义。也就是说，类型学意义上，我们可以区分嵌入投射范畴化的评价丰富型语言（value-laden language）和评价简单型语言（value-simple language）。汉语属于评价丰富型语言，在评价意义的所有子系统维度上都可以作范畴化处理。

参数5：范畴化嵌入投射中心语的语义韵特征

此处考察嵌入投射更多用于积极语义韵还是消极语义韵（褒义贬义的倾向性）。从类型学角度可区分出积极语言（positive language）和消极语言（negative language）。和英语相比，汉语更加偏向消极语义韵，如汉语的"事实"语义韵偏向负面，英语的"fact"则比较中性。英语的嵌入小句后置于中心语，因此给名词中心语前面留有足够空间用形容词修饰表达态度。汉语的嵌入小句和形容词修饰语全部并列前置于中心语，表达过长会造成认知识解负担过重，因此较少发生有形容词修饰语的情况下再并列出现嵌入小句。

参数6：非范畴化嵌入投射的评价意义倾向

非范畴化嵌入投射和评价功能有天然关系（Hunston & Thompson，1999；Susan & Francis，1996：188–192）。英语的"it is + 形容词 + that"是典型结构，对比之下，汉语没有预指功能"it"形成的关系过程小句结构，其非范畴化的表达一般有两种型式：是……的；……的是。从第六章对各种型式的考察可见，无论是英语还是汉语，嵌入投射有非常显著的评价和态度表达功能，其意义的倾向性和某些型式高度关联，是语言形式和功能高度对应统一的体现。

根据天然对应关系，我们可以区分出"型式化语言"（patternized language）和"非型式化语言"（unpatternized language），英语是明显的型式化语言，在语料库中能够轻易地找出该型式，并且对应的评价功能也非常显著。汉语的型式化由于其结构标记偏少而更显松散，例如考察英语的"What's + 形容词 + about"发现，鉴赏意义是最高频的表达，并且是反应意义（reaction）居多，包括影响类（如"interesting""exciting"）和品质类（如"great""funny"），也有少部分价值类（如"important"）。相比较之下，汉语并没用严格意义上对应的假拟分裂句。

参数7：范畴化嵌入投射的主位述位分布特征

英语有末位重心原则（end weight principle），因此出现在主位的概率较低，如果嵌入投射出现在主位，嵌入小句更类似于"句项主位"，而其中的范畴化名词中心语充当了预指功能，类似于"It"（王勇，2005），也类似于福塞特（2007）所说的"主位引发语"（thematic build-up）（黄国文，1996），即"the idea"作为一个语义抽象度高的名词，预指后面的"that"小句，把其囊括进主位，告诉听话者真正的出发点是"嵌入小句"所表达的事件（系统选择之下可以是思想、说法或者事实），以这个事件为出发点，后面进行评价。

英语中的范畴化嵌入投射总体上有 30%~40% 的概率以主位成分形式出现，其主要动因是对嵌入小句进行评价，其名词中心语类似于主位引发语（thematic build-up），也有一定的预指功能，在主位结构上发挥了重要的作用，构成 "话题—评述" 功能结构。

汉语的语料库数据显示，不管是思想、言语还是事实投射，基本不出现在主位位置。从语篇功能来说，引用的信息进入了小句的末位焦点位置，有信息焦点的双重标记功能，即双引号是信息焦点标记和 "的说法" 的末位信息焦点标记。

因此，我们认为英语是属于主位型语言（thematic language），即其更倾向于利用主位作为标记，实现嵌入投射的信息焦点功能，汉语属于末位焦点型语言（end-focus language），倾向于利用末位位置实现信息焦点功能。这两个倾向应该与中心语和修饰语的位置有关。英语的中心语在前，嵌入小句在后，汉语相反。

参数 8：非范畴化嵌入投射的主位和信息结构分布特征

英语的评价型强势主位结构在表达评价意义的同时，以评价意义为出发点引出新信息。汉语由于没有预指代词 "it" 的用法，相应地未出现评价型强势主位结构，而汉语中 "形容词 + 的是" "外壳名词 + 是" 形成某种话语标记语。由于英语的嵌入投射小句以 "that" 为标记，后置于嵌入投射名词作后置修饰语，其结构不太依赖衔接指代，汉语则不同，其流水句结构非常显著。

由此可以得出类型学意义上的两种语言，话语标记型语言（discourse marker language）和结构标记型语言（structure marker language）。汉语许多表达慢慢变成了话语标记，变成了插入语、附加语（如 "问题是"），似乎是外挂在主句之外，形成了流水句状态，因此属于话语标记型语言。相较之下，英语慢慢形成了固定的结构表达（如 "it is possible that"），在小句中仍然属于核心过程类型，属于结构标记语言。

二、余论

本书是在系统功能语言学视角下进行嵌入投射的对比研究，采取功能类型学的视角。类型学的主要任务是研究语言中不同类型的系统和结构，以及这些系统和结构是如何在不同语言中实现的。因此在跨语言对比的过程中需要总结类型学参数，即通过对比总结不同语言之间的共性和差异。本书第四章至第七章实际上是从功能的角度对英汉嵌入投射现象进行较为细致的语料观察和对比，但未对差异进行类型学参数标签化的总结。类型学参数总结通常涵盖以下步骤。

（1）定义参数：首先需要定义一个或多个参数，这些参数能够捕捉语言类型之间的关键差异。参数通常是基于语言的形态、句法或语义特征。

（2）分类语言：根据定义的参数，语言学家将语言分为不同的类型。例如，根据词序（如主语—动词—宾语或主语—宾语—动词），语言可以被分为分析型、综合型或多词序型。

（3）描述特征：对于每个类型，详细描述其特征和行为。这可能包括语法范畴、词类系统、形态变化规则等。

（4）比较语言：通过比较不同语言的类型学参数，可以发现语言间的共性和差异，以及可能的演变路径。

（5）理论框架：类型学参数通常与特定的语言学理论框架相结合，如生成语法、功能语法或认知语言学，以提供更深入的解释。

（6）实证研究：通过收集和分析不同语言的语料，验证类型学参数的有效性和适用性。

（7）跨语言的普遍性：探讨这些参数在跨语言中的普遍性，以及它们如何影响语言的学习和使用。

（8）应用研究：类型学参数不仅对理论语言学有重要意义，还可以应用于语言教学、翻译、语言规划和语言技术等领域（见第九章的翻译应用研究）。

在此整理归纳出可以用作跨语言对比研究的八个类型学参数，其发现与前面章节对应关系（见表8.1）。

表 8.1　可用作跨语言对比研究的八个类型学参数

类型学参数	汉语	英语	示例（功能导向）
参数 1：嵌入投射范畴化的来源	投射显性语言（projection-explicit language）	投射显性语言（projection-implicit language）	第五章（概念功能）
参数 2：嵌入投射的参与者角色特征	结构松散型语言（loose structure language）	结构紧凑型语言（compact structure language）	第五章（概念功能）
参数 3：嵌入投射的形式标记	词汇标记型语言（lexically marked language）	语法标记型语言（grammatically marked language）	第五章（概念功能）
参数 4：范畴化嵌入投射中心语的评价意义特征	评价丰富型语言（value-laden language）	评价简单型语言（value-simple language）	第六章（人际功能）
参数 5：范畴化嵌入投射中心语的语义韵特征	消极语言（negative language）	积极语言（positive language）	第六章（人际功能）
参数 6：非范畴化嵌入投射的评价意义倾向	非型式化语言（unpatternized language）	型式化语言（patternized language）	第六章（人际功能）
参数 7：范畴化嵌入投射的主位述位分布特征	末位焦点型语言（end-focus language）	主位型语言（thematic language）	第七章（语篇功能）
参数 8：非范畴化嵌入投射的主位和信息结构分布特征	话语标记型语言（discourse marker language）	结构标记型语言（structure marker language）	第七章（语篇功能）

通过对嵌入投射的英汉对比研究，我们总结出语言类型学的参数具有以下研究意义。

揭示语言之间的联系和演化：通过研究不同类型的语言，可以揭示不同语言之间的联系和演化过程，有助于了解语言的起源和演变历史。

帮助了解嵌入投射语言学习的难点和重点：通过了解不同类型语言的结构和特点，可以帮助更好地掌握语言学习的难点和重点，提高语言学习的效率。

从嵌入投射中，我们也看到某些汉语特有文化，如比较消极和自谦的评价意义倾向，这对促进跨文化交流有一定的现实意义。通过对不同类型语言的了解，可以促进不同文化之间的交流和理解，有助于消除文化隔阂和误解。

推动语言科技的发展：语言类型学的研究可以为语言科技的发展提供重要的理论支持，如自然语言处理、机器翻译等领域的应用。

探索语言的多样性和分类方法：语言类型学的研究可以帮助我们更好地认识和探索语言的多样性和分类方法，有助于我们更好地理解和评价不同类型语言的特点和优缺点。

总之，本书对于我们了解语言的多样性、推动跨文化交流和促进语言科技的发展都具有重要的意义。

第九章 从翻译转换视角看英汉 "嵌入投射"差异

——以政治语篇中的"问题"为个案研究

引 言

"必须坚持问题导向",是党的二十大报告提出的"六个必须坚持"中的一项重要内容。问题是时代的声音,回答并指导解决问题是理论的根本任务。因此在汉语的政治语篇中,"问题"是一个出现频率极高的语域特征词汇,同时"问题"在汉语中也是一个语义内涵非常丰富的词汇,汉语学界对其多有讨论(如李宗江,2008;张璐,2015;王赛珈,2020),因此其在政治语篇翻译中的分布规律值得深入研究。

本书的前八章基于系统功能语言学的功能意义观和系统功能类型学的研究范式初步提出嵌入投射的经验功能系统网络:观察嵌入投射是否构建名词范畴化和及物性配置。从人际功能角度考察嵌入投射小句的评价意义动因和语义韵倾向。从语篇功能角度考察嵌入投射的主位和述位的分布规律。最后总结了"嵌入投射"的类型学参数,从英汉对比的角度对"嵌入投射"所涉及的类型学参数进行总结,归纳出"嵌入投射"八个类型学参数。本章是对类型学参数归纳后的应用研究尝试,从具体的汉英翻译实例中观察嵌入投射,在翻译转换中观察嵌入投射的英汉差异。在系统功能传统的翻译研究中，翻译转换通常是相对于翻译对等进行讨论的（例如，Matthiessen，2001，2014；Halliday，2009；Huang，2017）。翻译转换可以通过语言组织的各个维度来解释：分层、等级、实例化、元功能、微妙性和轴心。麦蒂森（2014）认为，翻译转换可能是无动机的，也可能是有动机的。特定语言的某些系统变异可能促使译者进行系统的"翻译转换"。换句话说，翻译转换可能反映了相关语言的类型学差异。前几章的研究结果可以帮助我们更好地理解翻译转换，这也反过来证明了前几章的研究结果。本章将关注发生政治语篇翻译中的嵌入投射翻译转换情况。

过去二十年来，系统功能语言学在翻译研究的各个领域得到了越来越多的应用，如普通翻译研究（如 Baker，2018；Halliday，2001，2009；Matthiessen，2001，2014；Steiner，1998；de Souza，2013）和体裁翻译研究（如 Chang，2018；Huang，2013；Munday，2012；Yu & Wu，2016；Zhang & Pan，2015）。在政治语境中，语篇分析视角主要关注的是意识形态转变、权力关系和态度等问题（参见 Munday，2007；Schäffner & Bassnett，2010 第一部分）。系统功能语言学提供的语言元功能在政治语篇的描述性翻译研究方面具有应用价值（如 Yu & Wu，2020；Damaskinidis，2017；Munday，2018；Fu，2016；Gumul，2011）。

本书在系统功能语言学框架下进行，系统功能语言学提供一种多层面和多维度的语言观。在这种语言学理论指导下进行分析可以揭示某些语言维度上细微的部分翻译等效性（参见 Matthiessen，2001），而这在相关文献中相对缺乏（如 Li & Li，2005；Li & Xu，2018；Zhu & Zhang，2015）。为了进行更深入的语法分析和汉英翻译转换描写，本研究拟聚焦以"问题"为中心语的嵌入投射现象，"问题"作为汉语的一个常见的抽象名词，得到了汉语学界和翻译研究的广泛关注，并且"问题"在政治语篇中出现频率非常高，可以进行量化分析，从概然率视角体现汉英的差异。

本章首先回顾"问题"这一词汇的特征，回顾相关的文献，其次简要介绍在系统功能语言学理论框架下如何看待翻译以及相关核心概念，并介绍本研究的研究方法，汇报语料库分析的量化发现，最后基于量化数据总结英汉嵌入投射的更系统具体的差异，讨论嵌入投射研究在语篇分析和翻译研究中的应用价值。

一、关于"问题"的问题

"问题"一词有非常特殊的语义特征，并且形成了"问题是"这一固定型式结构——学界普遍认为的话语标记。王赛珈（2020）对"问题"的特殊意义进行了较为系统的分析，首先认为"问题"是一个"组配能力强大、高频使用的抽象名词"（方清明、彭小川，2011），从历时和共时的语料库数据中发现，"问题"不仅是抽象名词，还是"外壳名词"。"外壳名词"界定为抽象名词的一种开放性、功能性词类，这类抽象名词在不同程度上具备为复杂命题信息语块提供"概念外壳"的功能，名词提供"外壳"，被封装在外壳中的信息语块为"内含"（Schmid，2000）。

王赛珈（2020）进一步讨论"问题"的语义特征和句法功能。"问题"可带有主体元素（如"我的问题"），带有事件元素（如"收费问题"），引导事件作为话题（如"问题在于/是……"），也可以是属性名词（如"问题学生"）。相应地，"问题"最常见的句法功能是作主语、宾语，用作主宾语时可以带定语，此外还能直接或间接作定语，常见的句法型式有：（1）……的问题是；（2）……是……的问题；（3）……的问题在于；（4）……的问题有；（5）有问题的是……；（6）……有……（的）问题。可以说，这些型式都涉及本章所聚焦的嵌入投射现象，因此从嵌入投射的视角去研究"问题"很有必要。

汉语界热衷于从"话语标记"的视角研究"问题是"这一型式，从系统功能语言学的角度看，"问题是"应该属于关系过程小句，"问题"作为一个属性名词看待的话似乎是关系过程小句中的属性成分（Attribute），"是"是关系过程，"是"后面应该是载体成分（Carrier）。但是如果把"问题"视为一个抽象名词，起到话题标记作用，可能把其看作标记成分（Token）更合适，"是"后面所对应的是价值成分（Value）。而汉语界普遍认为"问题是"以及词汇话，其"是"作为语法成分功能已经虚化，学者更多地从语篇语法的角度来研究"问题是"的语篇功能和句法特征，各有侧重。

有人侧重"问题是"的语篇衔接功能（张璐，2015；孙慧妍，2006），张璐（2015）总结出"问题是"的四个语篇功能：（1）"深究"的递进性篇章连接功能；（2）"预设否定"的转折性篇章连接功能；（3）"负面"的评价性标记语功能；（4）"主题变化"的话题标记功能。

有人侧重"问题是"的人际功能（评价功能），如李宗江（2008）认为"问题是"在韵律上是独立的，概念意义已经虚化，在句法上只表现当前话语与前一话语之间的某种联系，为话语理解提供方向以引导听话，助推话语前后关系识别和说话者意图的准确理解，并且是表示负面评价义的语用标记。不难理解，"问题"作为一个属性名词，带有负面语义韵。汉语界对"问题是"的研究给我们很大启示，即把"问题是"视为一个话语标记，类似插入语、附加语的性质，给予其语篇附属地位，这样可以排除某些"嵌入"现象。例如：

（1）问题是瓦洛加手里握着刀，他把刀尖当手指尖在脖子上一划一道红印立即显现随后渗出血珠珠来（转自李宗江，2008）。

例（1）中的"问题是"如果按照本书嵌入投射的视角分析，将其视为一个关系过程小句，"问题"是属性成分，"是"是关系过程，"瓦洛加手里握着刀……"是嵌入小句，整体作标记成分。但是按照词汇化的观点，"问题是"不和后面的小句产生句法关系，即把其看作一个"话语标记"附加语，则无须作嵌入分析。这也为汉语嵌入投射的一个重要的类型学特征：结构松散语言（参数2：嵌入投射的参与者角色特征，参见第八章）提供了一个重要的历时语言学解释。但是由于其词汇化边界不清楚，是否词汇化没有明显的句法标记，只能从语篇上下文语义特征去判断，给量化分析带来困难，本研究仍然将这些案例视为嵌入投射统一分析。

由于"问题"一词的特殊语义和句法属性，其在翻译中的转换也引起部分学者注意（如肖志清，2016；李艳蕊，2005）。他们主要观点是把"问题"视为"范畴词"，词汇本身没有具体含义，如"关系""现象""情况""活动""事业""因素""问题""局面""状况"等，如果将其翻译成英语则会显得累赘冗余，如"民生问题"中的"问题"是不需要翻译的，只需翻译成"livelihood"。李艳蕊（2005）认为政治语篇翻译中存在大量省译现象，主要原因之一就是省略"范畴词"。但是笔者通过观察"问题"一词发现，将其作为所谓"范畴词"现象去观察过于简单，原因如下："范畴词"（category word）这一概念由平克汉姆（Pinkham，2000）讨论中式英语时提出，缺乏严谨的语言学定义，不能简单地认为"问题"没有任何意义。另外，如上文所述，学界发现"问题"一词语义特征和句构功能丰富，不同情况下英汉差异情况会不一样，所以其翻译是否以省略为主需进一步通过权威的翻译平行语料库验证。基于以上对"问题"文献的回顾，本章提出以下几个研究问题：

（1）"问题"在政治语篇中的语法分布规律如何？特别是其作为嵌入投射出现概率如何？

（2）作为嵌入投射的"问题"在政治语篇中的翻译转换有何特征？

（3）其翻译转换特征体现出英汉差异特征如何？

（4）对嵌入投射的观察对语篇分析和翻译研究的学术价值和应用价值如何？

二、系统功能翻译理论框架

本研究是在系统功能语言学理论框架下讨论翻译现象，本节对系统功能翻译相关理论作简要的介绍。

系统功能语言学作为一门适用语言学（appliable linguistics）被广泛应用于翻译研究之中，系统功能语言学者把翻译看作一个再示例化过程（Matthiessen，2001；Steiner，2001；de Souza，2010；Chang，2017；杨忠，2017；王汐，2018；Chen et al，2023）。系统功能语言学认为，语篇是语言系统的实例（instance）或是系统的示例化（instantiation）。语言系统提供的是一个总体的意义潜势，为具体语篇的生成提供资源，语篇是这些资源中选择的结果。但同时，语篇作为具体的实例也会反过来影响整个语言系统（见图9.1）。

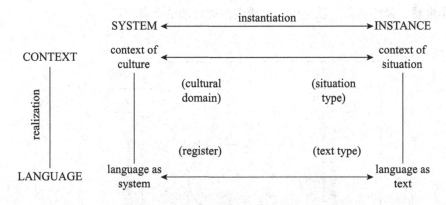

图 9.1 语言与语境之间的体现和示例化关系

韩礼德（2008：83）认为，语篇与语言系统之间就好比天气和气候，天气是整个气候的具体体现，而天气变化的点滴积累也会慢慢改变气候模式。换言之，示例化是语言在概况程度（degree of generalization）上的不同，不管是观察语言系统还是具体语篇，实际上是在观察同一个对象。同时，文化语境与情景语境之间也是示例化的关系，即文化语境概况程度高，情景语境概况程度低。

从示例化的维度来看，翻译是一个跨语言（跨符号）的再实例化过程，即原文作者在一定文化语境和情景语境之下，在原语系统意义潜势中选择生成具体语篇，译者对语篇进行解读，其解读的意义是语篇意义的进一步实例化（Martin，2009），然后"用目的语系统资源重新识解、建构原语语篇所承载的意义"（de Souza，2010：109）。也就是说，翻译过程就是语篇再生过程。杨忠（2017）基于韩礼德的实例化模型勾勒出翻译的再实例化过程（见图 9.2）。

该模式脱离了以文本为中心的翻译理论研究范式，将语言系统、语篇、译者、文化语境、情景语境与读者群体纳入考察范围。所谓翻译对等就是语篇对等，但是译者在重构语篇过程中所在的语境是会有所变化的，这需要我们对原语文本和目标语文本的语境进行对比分析，才能更深刻理解译者的主体作用。需要注意的是，这是一种文本所处的外部语境分析，而非马可（Marco，2000）所作的文本内部小说世界的语境分析。从这个角度看,译注实际上就是由于语境变换而激活的译者声音。

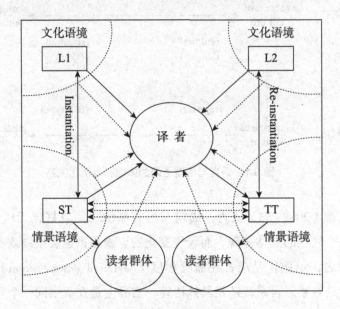

图 9.2 作为再实例化的翻译过程(杨忠,2017:23)

换言之,系统功能语言学将语言视为一个多维、多功能和分层的意义生成系统。在此视角下,麦蒂森(2001)阐释了系统功能语言学对语言丰富的描述如何加深我们对翻译本质的理解。系统功能语言学中的关键术语(如系统、分层、示例化、元功能、级阶、轴、词汇语法、语域等)在理论和描述性翻译研究中都发挥了重要作用(如 Steiner,2005;Chen et al.,2022;Wang & Ma,2021)。

本书采用了基于马丁的"示例化"概念所构建的翻译过程模型。在马丁(2006)的研究方法中,示例化"用于描写文本之间不同程度共享意义潜能的关系"。如图 9.3 所示,"示例化"指的是从意义潜势到文本作为"系统—示例"连续统上的一个提供实例的过程。

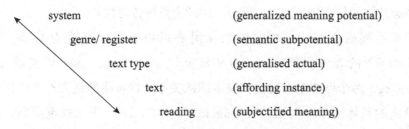

system	(generalized meaning potential)
genre/ register	(semantic subpotential)
text type	(generalised actual)
text	(affording instance)
reading	(subjectified meaning)

图 9.3　从解读到系统的示例化连续统

（ Instantiation as a cline from reading to system，Martin，2006：285 ）

特定文本（text）被视为文本类型（text type）的实例，而文本类型（text type）又是体裁（genre）或语域（register）的实例，最终反映了语言如何提供意义潜能（system）。文本（text）再往下，人们对文本可能会有不同的理解（reading）。从这个意义上说，一个文本被转述、改写或转写为另一个具有相同意义的文本，可以被视为一个"再示例化"的过程。这一过程包括从个人阅读到语言系统的上移（"去示例化"），以及从系统到主观化阅读的下移。

基于这种对互文关系的理解，德索萨（de Souza，2010，2013）最先将翻译视为一种语言间的"再示例化"过程。在翻译过程中，译者的主观性被凸显出来。译者需要从文本提供的多种读法中确定一种读法，弄清文本是如何体现文本类型和体裁的，以及使文本类型成为可能的系统意义潜势，所有这些都与目标语言的语言系统具有可比性，由此理解翻译过程。

斯坦纳（Steiner，2021）进一步探讨了翻译再示例化模式中的"解读"（reading）概念。由于通过文本分析很难探究译者的思维方式，斯坦纳提出，对文本的注释应被视为沿着再示例化连续统中的"解读"，因为它们使文本的意义更加具体，从而揭示了译者头脑中对原文的分析过程。陈树坤、黄中习（2019）正是基于这种思路对民族志翻译中的注释进行研究，发现社会符号活动由"再创作"转变为"解说"、译者由文化传播者转变为民族志学者、模态由单纯语言转变为多模态。对壮族民族志译作《回招亡魂：布洛陀经文》的统计分析表明，民族志译注以语言、图像、录音、表格等多种模态解说原文的语篇、语言系统、情景语境以及文化语境，各种模态的注释各有分工,在"解说"活动中发挥各自优势。

在不同的文本中,相同的意义潜势可以在不同程度上共享。马丁(2006)的理论框架中用"语义权重"(commitment)和"语义耦合"(coupling)两个概念来描述这些文本间的关系。权重指的是文本中所体现的意义的具体程度。例如,"a green tree"比"a tree"语义权重更高。耦合是指跨语言和其他符号系统(尤其是文本实例)的意义组合。例如,"a good boy"是评价性形容词"good"与经验意义"boy"的耦合。

语法隐喻(grammatical metaphor)也是理解翻译过程的一个关键概念。长期以来,隐喻一直是政治话语及其翻译研究中的一个关键问题(参见 Schäffner,2004),而语法隐喻概念则为翻译研究提供了另一个视角(Steiner,2002,2004;Guillen-Galve,2004;Zhu & Zhang,2015;Bisiada,2018;Xuan & Chen,2019)。隐喻被定性为"语义选择的另一种词汇语法实现"(Halliday,1985:55)。与词汇隐喻不同的是,语法隐喻指的是一个给定的意义可以用不同的语法方式来表达。

根据系统功能语言学的观点,意义和语法形式之间应该有一种自然的关系。例如,在一个小句的经验意义中,参与者通常用名词来表达,而过程则用动词来表达,如"he understood it"。这被视为一致式表达(congruent form)。如果过程是由名词来实现的,那么这种表达就被视为隐喻或不一致式表达(metaphorical or incongruent from),如"his understanding"。如果一个过程是通过短语来实现的,如"have a deep understanding",也可以被视为隐喻式表达,因为心理过程已经变成"拥有一件东西"。

语法隐喻涉及信息"打包"的话语过程。举个简单的例子,当"We understood..."这样的小句变成"our understanding"这样的名词组时,信息就被包装成了一个更紧凑的结构。一个名词性词组可以作为另一个分句的组成部分,如"he shouldn't underestimate our understanding that..."。而一致式表达则需要两个小句,如"We understood that...; he shouldn't underestimate it"。因此从一致式到隐喻式是一个"打包"过程,而从隐喻式回到一致式则是"解包"过程。

斯坦纳（2002；2004）和阿尔维斯等（Alves et al，2014）的研究发现，翻译普遍可以被描述为一个涉及"解包"语法隐喻的过程。换言之，译文中出现语法隐喻的频率往往低于原文。但是在政治话语的翻译中，解包语法隐喻可能会涉及阐明参与者的身份。例如朱春生和张俊峰（Zhu & Zhang，2015）仔细分析了中文政治讲话中"不折腾"的各种译法，"不折腾"代表了当时的政治准则。在汉语中，"不折腾"没有参与者（或传统语法中的"主体"），其含义难以捉摸，即"谁给谁惹麻烦"，这在英译中是一个敏感问题。该研究建议译者应注意语法隐喻的行为主体隐藏功能，并将该短语转换为隐喻结构，如"there is no messing about"。

笔者团队（Chen et al，2023）基于上海外国语大学研制的"《习近平谈治国理政》多语数据库综合平台"，在系统功能语言学的再示例化视角之下，重点分析了"认识"和"把握"在政治语篇翻译中的分布规律，揭示了其背后的人际功能对等的语言学机制，发现语法隐喻在评价意义对等方面发挥着重要作用。语法隐喻可被视为一种有用的语法手段，在政治翻译中强化评价力，可开启修辞意义潜势，将修辞意义置于小句信息焦点以及减少冗余。

本书将基于系统功能语言学的再示例化思想和一些相关的核心概念，对政治语篇中"问题"作为嵌入投射现象的翻译转换进行定量和定性分析，从而挖掘嵌入投射作为投射的一个重要语言现象在语篇分析和翻译研究中的应用价值，并反过来通过翻译转换进一步揭示英汉差异。

三、研究方法

为了确保中国政治语篇及其翻译的代表性和权威性，笔者从上海外国语大学语料库研究院研发的《习近平谈治国理政》多语数据库综合平台中获取数据，该语料库可通过网站（http：//imate.cascorpus.com/）访问。该语料库是根据《习近平谈治国理政》第一卷建立的，收录了习近平自 2012 年 11 月 15 日至 2014 年 6 月 13 日期间的主要公开作品，包括讲话、谈话、访谈、指示和通信。全书共 79 篇，分为 18 章，并增加了注释，以帮助读者了解中国的社会制度、历史和文化。该书由中国政府组织的中外专家翻译组翻译完成。因此,《习近平谈治国理政》的译文版本代表了中国政治翻译的最高水平。

笔者以"问题"为关键词搜索《习近平谈治国理政》多语数据库综合平台,获取 1126 条汉语平行索引行记录,将记录拷贝至 excel 软件进行手动标注,标注方法如表 9.1 所示。由于本研究聚焦嵌入投射结构,在标注过程中,发现大部分的"问题"都不构成嵌入投射结构,并且有一些体现汉语特征的边界案例,具体说明如下:

表 9.1 "问题"翻译转换的标注方法

标注项	标注标准	标注选项
嵌入状态（原文）	"问题"是否在小句中以嵌入投射的句法结构和语义特征出现,如果是,则标注为"嵌入投射",如:进一步回答了在新的历史征程上怎样才能夺取中国特色社会主义新胜利的基本问题。 如果不是,则标注为"N/A",在"N/A"的情况下,只对译文选词进行进一步标注,不再观察其词汇语法形式	嵌入投射 N/A
选词（译文）	对应原文"问题"在译文中所选择的词汇（不考虑单复数）。 如果未出现翻译,标注为"not translated",在"not translated"的情况下不再标注其词汇语法形式	issue problem question … not translated
词汇语法形式（译文）	作为嵌入投射的"问题"在译文中所对应的词汇语法形式。 如果对应的是语篇照应的形式,则标注为"reference"	物质过程小句（material clause） 关系过程小句（relational clause） 名词词组（nominal group） 介词短语（prepositional phrase） 小句复合体（clause complex） 嵌入投射（embedded clause） 照应（reference）
词汇语法标记（译文）	作为嵌入投射的"问题"在译文中所对应的词汇语法形式中的关键识别标记	: of such as concerning …

其一，汉语的修饰语可以是形容词和名词，这些情况不属于嵌入投射结构，标记为"N/A"，如例（2a）中，"这样那样的"是指代词作修饰语，不涉及嵌入投射。例（2b）中的"方向"是名词作修饰语，不属于嵌入投射（下划线标记"问题"名词词组，下同）。

（2a）现实生活中，一些党员、干部出<u>这样那样的问题</u>，说到底是信仰迷茫、精神迷失。

（2b）在<u>方向问题</u>上，我们头脑必须十分清醒，不断推动社会主义制度自我完善和发展，坚定不移走中国特色社会主义道路。

其二，"问题"有时候是作为属性名词，成为其他名词中心语的修饰语，这种情况不属于嵌入投射，标记为"N/A"，如例（3a）中的"问题"作为"意识"的修饰语，例（3b）的"问题导向"也是类似的结构，不再赘述。这些例句充分说明了汉语政治语篇的重要功能：引导党员干部聚焦"问题"，攻坚克难，为群众办实事。

（3a）我们强调，要有强烈的<u>问题意识</u>，以重大问题为导向，抓住关键问题进一步研究思考。

（3b）两年多来，我们立足中国发展实际，坚持<u>问题导向</u>，逐步形成并积极推进全面建成小康社会、全面深化改革、全面依法治国、全面从严治党的战略布局。

其三，有许多"问题"前面的修饰语是一个小句，但其小句构成的信息和中心语之间构成的是"扩展"（expansion）关系，不是"投射"（projection）关系，例如：

（4）党风廉政建设，是<u>广大干部群众始终关注的重大政治问题</u>。

在例（4）中，修饰语"广大干部群众始终关注的"不是"问题"的本身，在语义关系上"问题"不是对小句信息的范畴化归纳，而是对"问题"受到关注的来源进行具体阐释（elaboration），属于扩展逻辑语义，这类结构虽然在形式上看到"的"之间是一个小句，但也不属于嵌入投射，标为"N/A"。

其四，有部分"问题"前面的修饰语是一个可作双重分析的词汇，既可以分析为动词，也可以分析为名词，即使将其分析为动词，也是一个只含有单个过程的小句，整个及物性结构相对"不完整"，这种情况本研究也排除在嵌入投射结构之外，例如：

（5a）我国稳定解决了十几亿人的<u>温饱问题</u>，总体上实现小康，不久将全面建成小康社会。

（5b）要做到这一点，就必须下最大气力解决好<u>消极腐败问题</u>，确保党始终同人心连心、同呼吸、共命运。

（5c）延安时期，我们党就注意到<u>"本领恐慌"</u>问题。

例（5a）中的"温饱"是个状态形容词，可以理解为是一个名词，也可以分析为一个"迷你缩小版"的小句，这种情况本研究将其视为"名词"修饰语，不作为小句分析。例（5b）的"消极腐败"也是单个动词的结构，也可以将其理解为名词结构"消极的腐败"。类似地，例（5c）的"本领恐慌"，似乎是一个小句，"恐慌"是心理过程，"本领"是现象，但是根据其语序又可以分析为"本领的恐慌"。这些双重分析具备汉语的类型学特征，即其短语和词汇内部可以作小句分析，但是其结构非常简洁紧凑，已经在某种程度上词汇化，这些案例都被排除在嵌入投射结构之外。

其五，有些"问题"前面的修饰语既有名词结构，又有小句结构并置，只要出现小句结构，本书便将其纳入嵌入投射进行考察。如在例（6）中，有些似乎可以分析为名词结构，"政府机构改革和职能转变"可以看作名词词组，也可以将转变看作小句的过程，但是后面的几个修饰语是明显的小句结构，有过程和参与者，如"全面深化"是物质过程，"改革"是目标成分。只要涉及完整的小句并且双重分析可能性不明显，则标注其为嵌入投射。

（6）为贯彻十八大精神，党中央召开七次全会，分别就<u>政府机构改革和职能转变、全面深化改革、全面推进依法治国、制定"十三五"规划、全面从严治党</u>等重大问题作出决定和部署。

四、研究发现

统计数据表明，"问题"在政治语篇中总共出现了 1206 次，其中构成嵌入投射结构 190 次，占比 15.75%，可以说嵌入投射在汉语政治语篇中还是相对比较凸显的。

考察非嵌入投射"问题"的翻译用词发现（见表9.2），最高频次的用词是"problem"，出现 482 次，占比 47.44%。第二高频选词是"issue"，出现 194 次，占比 19.09%。"question"等其他选词比较散落，出现频率都不高。省略翻译（标注为"not translated"）的频次为 220 次，占比 21.65%。此数据印证了有些学者的观察，认为省略翻译"问题"这类的"范畴词"是政治语篇翻译的一个常见技巧，但是同时该数据也说明，省略翻译不是主要策略，不可以将其视为主要的翻译规范，将"问题"翻译为"problem"才是最主要的翻译策略，"problem"的选词恰恰说明了我党在治国理政方面正视问题，以问题为导向的方针政策，对党的正面形象建构起到重要作用。

表9.2　非嵌入投射"问题"的翻译用词统计

非嵌入投射"问题"翻译用词	频次	百分比（％）
problem	482	47.44
［not translated］	220	21.65
issue	194	19.09
question	28	2.76
matter	14	1.38
concern	13	1.28
they/them/it/one（problem）	8	0.79
challenge	8	0.79
flashpoint	7	0.69
difficulty	7	0.69
solution	5	0.49
mistake	4	0.39
case	4	0.39
barrier	3	0.30
practice	2	0.20
degeneration	2	0.20

续表

非嵌入投射"问题"翻译用词	频次	百分比（%）
affair	2	0.20
wrongdoing	1	0.10
worry	1	0.10
trouble	1	0.10
topic	1	0.10
thing	1	0.10
shortcoming	1	0.10
priority	1	0.10
insight	1	0.10
err	1	0.10
dilemma	1	0.10
deficiency	1	0.10
area	1	0.10
anything wrong	1	0.10
总数	1016	100

　　由于本书聚焦的是嵌入投射结构在翻译中的转换，接下来具体分析嵌入投射"问题"的翻译转换。

（一）省译

　　嵌入投射"问题"在英译本中的翻译用词仍然是"problem"（见表9.3），出现47次，占比24.74%。第二和第三分别是"issue"和"question"，和非嵌入投射"问题"保持一致的排序。但是"not translated"，即省译显示出明显不同的趋势，有100例（超过一半）的"问题"没有翻译，与非嵌入投射翻译的省译只有约22%的占比提升明显。也就是说，当"问题"作为嵌入投射结构时，其小句修饰语所构建的信息相比形容词和名词修饰语更加完整，小句结构在形式上更加复杂，同时由于汉语的结构较为松散，使得其在英语中较难形成完成对等的嵌入结构形式，即表达会不地道，译者可能在考虑读者接受性情况下在英译中放弃选用相应的嵌入投射结构，选择省译。另外，嵌入投射中往往信息焦点在修饰语，"问题"作为中心语只是标记修饰语为一个话题，其评价意义和概念意义都消失，这种情况也会选择省译。举例如下：

表9.3　嵌入投射"问题"的翻译用词统计

嵌入投射"问题"翻译用词	频次	百分比（%）
［not translated］	100	52.63
problem	47	24.74
issue	16	8.42
question	11	5.79
topic	5	2.63
case	3	1.58
difficulty	2	1.05
matter	2	1.05
approach	1	0.53
aspect	1	0.53
concern	1	0.53
key	1	0.53
总数	190	100

（7a）

【原文】在充分肯定我国经济社会发展基本面是健康的前提下，我们决不能低估当前和今后一个时期所面临的风险和挑战，主要是世界经济低速增长态势仍将延续，总需求不足和产能相对过剩的矛盾有所上升，企业生产经营成本上升和创新能力不足的问题并存，经济发展和资源环境的矛盾有所加剧。

【译文】Although we have a generally positive analysis of China's economic and social development, we must not underestimate the risks and challenges facing us now and in the near future. We must be aware that the pace of world economic growth will continue to be slow, the problem between sluggish demand and over-production capacity continues to grow, and domestic companies are troubled by <u>rising costs and weaknesses in their capacity to innovate</u>. The conflicts between the environment, natural resources and economic growth are becoming more serious.

（7b）

【原文】这个概括，实际上回答了<u>我们要建设什么样的国家、建设什么样的社会、培育什么样的公民的重大问题</u>。

【译文】They explain <u>what sort of country and society we are striving for, and what kind of citizens we are cultivating</u>.

（7c）

【原文】同时，面对新的时代特点和实践要求，马克思主义也面临着<u>进一步中国化、时代化、大众化的问题</u>。

【译文】At the same time, facing the new characteristics of our era and the demands of new realities, Marxism also needs to be better integrated with the realities of China, keep abreast with the times, and respond to the need of the Chinese people.

例（7a）中"问题"的修饰语是两个并列小句，"企业生产经营成本上升"和"创新能力不足"，从及物性来说前者是物质过程小句，"企业生产经营成本"是行为者，"上升"是物质过程。后者是关系过程小句，"创新能力"是载体，"不足"是属性。可以想象，如果相应地使用嵌入投射结构"the problem that/of"会显得非常累赘。这里译者巧妙地采取语法隐喻，把两个小句"打包"成为两个名词词组"rising costs"和"weakness in their capacity to innovate"，并把"问题"理解为"are troubled by"，形成一个隐喻式的因果关系，这种"打包"过程使得英语结构非常紧凑，解决了汉语的松散结构特征。

例（7b）的松散结构更加明显，三个疑问句并列构成"重大问题"的修饰语。英译把"问题"翻译出来，同时又把原文重复的"什么样"进行合并处理，作为言语过程"explain"的言语内容成分，大大降低了原文的冗余结构，提升了译文的接受度。

例（7c）中的"进一步中国化、时代化、大众化"既不是负面评价意义的"问题"，也不是要马上回答的人际意义互动"问题"，只是在讨论中的话题，把应该做的三方面进行归纳并列，"问题"作为一个并列的话题标记，这个时候选择省译更符合英语行文特征。

在选择非省译的情况下，英译采取了不同的词汇语法手段来构建原文中"问题"中心语与"小句修饰语"之间的关系。按照语法形式上的对等，我们假设英译文中应该大多数采取"嵌入小句"作为对等翻译。但实际统计数据表明（见表9.4），介词短语是首选的形式，出现59次，占比约65.56%。关系过程小句是第二高频词汇语法手段，出现12例，占比约13.33%。嵌入小句是第三高频的词汇语法手段，一共8例，占比不到9%。也就是说，从"问题"这一个案来看，英汉的嵌入投射表达存在较大差异。

表 9.4 英译中构建嵌入投射"问题"与小句修饰语关系的词汇语法手段

词汇语法手段	频次	百分比（%）
介词短语	59	65.56
关系过程小句	12	13.33
作为修饰语的嵌入小句	8	8.89
照应	5	5.56
小句复合体	3	3.33
物质过程小句	2	2.22
名词词组	1	1.11
总数	90	100

介词短语作为嵌入投射"问题"的词汇语法手段首选，这一发现揭示了两方面意义：其一，介词短语在英语中是重要的嵌入投射形式，这一点在相关文献中强调不足。其二，英语的嵌入投射的表达形式多样（至少比汉语表达更多样），并且和名词中心语构成更加敏感的搭配关系。

在系统功能语言学的理论视角下，介词短语实则是小句的"缩减版"，或称为次小句，介词是次过程（Minor Process），而介词后的名词词组分析为范围成分（Range）。其中以介词短语为词汇语法手段的内容成分（Matter）是投射意义的一种体现形式，是投射环境成分（Projecting Circumstance）的一个次类。具体而言，体现投射意义的介词短语分为"角度"与"内容"两种，其中"角度"是投射信号的环境化（如"according to him"），而"内容"是投射信息的环境化，举例如下：

（8a）He said <u>about the plan</u>.

（8b）He said <u>about the plan</u> that he would travel abroad.

（8c）He gave a talk <u>about the plan</u>.

（8d）He assisted me <u>in my work</u>.

上面例子中的介词短语（划线部分）都属于"内容成分"，都是由介词短语体现，关于投射环境成分的讨论，可参照陈树坤（2021），陈树坤、刘萱（2020）。

系统功能语言学的级阶理论认为，语言里面高层级阶的语法单位包含低一层级阶的单位，并且高层级阶可以转移至低层级阶，但不可上移，此现象称为"级转移"。级转移分两种情况：小句下移（标注为"[[ ]]"）和短语/词组下移（标注为"[ ]"），例如：

（9a）an intern [[who examines a patient in the emergency ward of a hospital]]

（9b）a walk [in the woods]（两个例子均引自 Matthiessen, 1995：99−100）

系统功能语言学用级转移概括嵌入现象，因此例（9a）所展现的是嵌入小句现象，例（9b）所展现的是嵌入介词短语现象。因此嵌入介词短语可以识解为投射环境化的内容成分，是嵌入投射的重要体现形式之一。系统功能语言学文献中讨论嵌入投射部分大多聚焦在嵌入小句形式，较少讨论嵌入介词短语形式，而本研究显示的数据表明嵌入介词短语也应该被重点讨论。

（二）介词短语

表9.5 显示用于翻译嵌入投射"问题"的介词频次。其中最多使用

的三个介词分别是"of"、"such as"和"concerning"，其他介词都是比较零散。

表9.5　英译中构建嵌入投射"问题"的介词短语介词标记

介词短语标记	频次	百分比（%）
of	28	47.46
such as	13	22.03
concerning	8	13.56
in	2	3.39
from...to	2	3.39
to	1	1.69
running counter to	1	1.69
relating to	1	1.69
like	1	1.69
for	1	1.69
about	1	1.69
总计	59	100

（10a）

【原文】党的十大提出的基本要求，进一步回答了在新的历史征程上怎样才能夺取中国特色社会主义新胜利的基本问题。

【译文】The basic requirements set forth at the 18th National Congress answer the question of how to achieve new victories for Chinese socialism on the new historic journey.

（10b）

【原文】在坚持和拓展中国特色社会主义法治道路这个根本问题上，我们要树立自信、保持定力。

【译文】On the fundamental issue of keeping to and extending the path of socialist rule of law, we need to demonstrate both confidence and resolve.

例（10a）和例（10b）分别展示了两种结构，前者是疑问小句嵌入至"of"介词短语，后者是语法隐喻打包成名词词组"keeping to"和

"extending"作介词短语中的范围成分。这两种情况我们看作译者在解读原文的嵌入投射过程中，在英语语义系统中找到表达"question"和"issue"相关内容的搭配情况，即其更多的是与"of"介词短语进行耦合，并借助语法隐喻机制把信息打包成名词词组，同时也将汉语意义较为多元的"问题"解读为更加具体的"question"和"issue"，语义权重上有所提升，最终达到传达原文的"问题"的"非评价属性"。

令人意外的是，"such as"可作嵌入投射结构的词汇语法手段，并且这个介词使用频率较高。

（11）

【原文】刚才，大家就保持经济持续健康发展、推进供给侧结构性改革、促进非公有制经济健康发展等问题作了很好的发言。

【译文】Several speakers have offered inspiring insights on issues such as sustaining healthy economic development，promoting supply-side structural reform，and promoting the sound growth of the private sector.

在例（11）中，"such as"作为"issues"的后置介词，在语义上相当于是对"issues"具体内容的说明，是汉语三个并列小句的语法隐喻，打包为三个名词词组结构"sustaining"、"promoting"和"promoting"。也就是说，译者将原文的嵌入投射结构解读为"issues"的内容是这些，用"such as"罗列出"issues"的内容。由此我们可以看到在译者的解读中，嵌入投射、关系过程小句和"such as"举例罗列的介词短语之间语义上的紧密关系，也进一步印证了嵌入投射是小句信息的识别和范畴化这一功能。

第三个高频介词"concerning"是典型的投射环境成分内容成分（matter）的表达形式，和"about"类似，用于引出信息话题，因此其天然蕴含着投射意义。

（12）

【原文】就全国而言，下一步要重点解决深度贫困地区公共服务、基础设施以及基本医疗有保障的问题。

【译文】Our next step is to address problems concerning public services，infrastructure facilities，and basic healthcare in all severely impoverished areas nationwide.

如例（12）所示，"concerning"引出原文"有保障"这一话题，但是其意义隐含在了"public services，infrastructure facilities，and basic healthcare"之中，采取了省译的方法，使译文更加紧凑。

从上面的分析可见，译者在解读原文的嵌入投射结构后，会将"问题"重新解读，提升语义权重，用更加具体的词汇进行再示例化，而在英语语言系统中，相关不同的词汇的耦合／搭配情况有所不同，即英语很多词汇（如"question""issue"等）倾向于用介词短语进行嵌入投射意义构建，并且语法隐喻在其中扮演重要功能，把原文的信息小句打包成为名词词组，从而使得英语译文的整体结构更加紧凑，更加符合译入语的接受度。

（三）关系过程小句

回到表9.4所显示的第二高频词汇语法手段：关系过程小句。这是嵌入投射的一种手段，即非范畴化的嵌入投射，即其嵌入小句直接做关系过程小句的小句成分，不作名词中心语的修饰语。这种情况下，原文一般对应的也是关系过程小句，见下面两例。

（13a）

【原文】发展中不平衡、不协调、不可持续问题依然突出。

【译文】Unbalanced，uncoordinated and unsustainable development remains a big problem.

（13b）

【原文】但问题是当时虽然有人对西学感兴趣，也学了不少。

【译文】The problem was that，at that time，although some people were interested in Western learning and learned quite a lot of it.

例（13a）中的"问题"修饰语由三个动词／形容词构成的小句组成，译文中将其用语法隐喻打包为"development"作关系过程小句的标识成分（Token），"a big problem"作为价值成分（Value）。这里的译文没有涉及嵌入投射结构，而是将原文的三个关系过程的属性成分"不平衡、不协调、不可持续"重新语义耦合成"修饰语 + development"结构，其中语法隐喻是重要的再示例化机制。

例（13b）情况不一样，汉语的"问题是"具有一定的词汇化特征，或者说是成为话语标记（李宗江，2008）。因此译者解读该话语标记有两个路径，将其视为关系过程小句（"问题"是"价值成分"，"是"是关系过程），也可视其为词汇化的话语标记，语义虚化，无须翻译，或者只是将其翻译成转折关系的连词（如"but，however"）。此译文显示，译者将其视为关系过程小句，同样以嵌入投射的形式建构，后面的小句复合体"although …"全部嵌入成为关系过程小句的标识成分。

（四）作为修饰语的嵌入小句

接下来讨论表 9.4 中的第三高频词汇语法手段，作为修饰语的嵌入小句，这一手段在形式上严格对应了原文的嵌入投射结构，即将修饰语小句对等转换成修饰语小句。举例如下：

（14a）

【原文】着力解决一些基层党组织弱化、虚化、边缘化问题。

【译文】We must work harder to address the problems that some primary-level Party organizations are weak，ineffective，and marginalized.

（14b）

【原文】发展不平衡不充分的一些突出问题尚未解决。

【译文】Some acute problems caused by unbalanced and inadequate development await solutions.

例（14a）是典型的嵌入投射小句形式上对应的翻译，译文中"that"小句作为中心语"the problems"的后置修饰语。但是这种形式上"完美"对应的案例比较少，在本语料库中统计只有 4 例，由于英汉的差异，译者会有一定的解读和再示例化过程。

例（14b）中"突出问题"其实就是"发展不平衡不充分"本身，是修饰语的归纳。但是译者将其解读为"造成发展不平衡不充分"的"问题"，便把嵌入投射意义解读为嵌入扩展意义，即把"问题"视为"造成"

的行为者，建构一种致使意。在这种解读下，译文相应地使用"caused by..."嵌入小句，构建的是嵌入扩展意义，这类转换现象在本语料库中有 3 例。

其他介词的使用，可以视为投射环境化的隐喻表达，或者是"内容成分"的隐喻式，例如"from...to...""in"都是空间隐喻映射到话题内容的方面，与"such as"类似，不再赘述。这些表达空间路径的介词和投射意义之间的隐喻关系值得进一步研究，拟另文讨论。

（五）小句复合体

译文中采取小句复合体的形式也值得注意，其案例不多，但是与中心语高度相关。数据统计显示，一共 3 例小句复合体皆与"question"进行耦合。这里举一例说明。

（15）

【原文】这里面有一个伤其十指和断其一指的关系问题。

【译文】Here we must consider one question: Ten wounds partially treated or one completely cured——which is better?

例（15）显示，这里的"问题"是一个携带人际互动意义的问题，即可解读为"question"，译者在这种解读之下，采取小句复合体的形式，采用冒号引出具体问题，并使用疑问句，语义权重有所提升，即"which is better"比原文提问更加具体。

如果将后面的小句进行名词化语法隐喻打包，则构成名词词组，见下例：

（16）

【原文】这里，我想特别强调一下理想信念、敢于担当这两个问题。

【译文】Here I would like to lay special emphasis on two aspects: ideals and convictions.

例（16）显示的是"问题"前面并列了"理想信念"名词词组和"敢于担当"小句，其中后者小句被译者解读为与信念表达的一个意思，缩减为两个名词"ideals and convictions"作为"two aspects"的后置修饰语。这种情况不属于嵌入投射结构，但也同时说明在翻译过程中，译者为了应对英汉语在结构松散度上的类型学差异所作出的解读层面和语言系统在示例化层面上的努力。

五、讨论

从政治翻译语篇中的"问题"可见，英汉的嵌入投射表现形式具有较大的差异，体现英汉语的类型学特征，表现在以下几个方面：

第一，汉语的嵌入投射语法形式较为单一，基本在名词词组中心语前置修饰语为主要表现形式，并且以"的"为主要的语法标记（如"保持经济持续健康发展的问题"），有时候则不出现"的"（如"保持经济持续健康发展问题"），或者出现指示代词（如"保持经济持续健康发展这个问题"）。因此可以将汉语理解为"语法标记单一型语言"。

第二，由于汉语的松散并置的结构特征，汉语的嵌入投射中的前置修饰语可以同时出现不同类型结构的并置，可以是名词词组、小句、单个名词动词实现并置，如"理想信念、敢于担当问题"。以上发现进一步印证汉语为"结构松散型语言"。

第三，英语的嵌入投射语法形式多样，且修饰语统一后置于名词词组中心语。后置的修饰语可以以小句形式体现，"that"是主要的语法标记。后置修饰语也可以以介词短语的形式体现，以"about""concerning"等典型的投射环境化内容成分介词为语法标记，更多地以"of""such as""from...to...""in"等介词作标记，其隐喻性更强。用哪个介词又与中心语形成强烈的搭配耦合关系，即选"problem"还是"question"作中心语会影响介词的选择。与汉语的"的"语法标记相比，属于"语法标记丰富型语言"。

第四，英语的结构比较紧凑，其语法规定各种词性对应不同的句法功能，限制性比较多，例如在介词后必须跟着名词词组，因此出现较多的语法隐喻现象。在翻译过程中，译者会出现较多的打包思维，即把原文小句信息转换为名词词组结构。因此英语是"结构紧凑型语言"，并且其更多地出现隐喻性。

第五，从"问题"这一投射名词个案可见，汉语是更具有范畴化倾向的语言，韩礼德（2016：94）强调汉语在构词方面倾向用概括性强的词汇（"common nouns"），如"铅笔、圆珠笔"中的"笔"、"汽车、自行车"中的"车"，这在某种程度上决定了汉语习得者会自然统筹这些词汇的范畴，形成分类学思想（taxonomy），从而导致范畴化倾向。"问题"一词的范畴化概括性很强，语义权重偏低，即在罗列一系列的信息后，作为一个总结标记（如"……等问题"）。而英语的范畴化倾向没有那么强，即相应的表达"question""issue""problem"语义权重偏高，更加具体，因此译者在翻译转换时要么提升语义权重，要么直接采取省略翻译，以减少提升语义权重带来的转换认知负担（需要判断信息到底是不是一个真"问题"）。

本研究对政治翻译策略有一定的启示，可以解释其背后功能意义对等的语言学机制，归纳为以下几点：

首先，从"问题"的出现频率看，汉语政治语篇体现了我党治国理政的问题意识、问题导向和自我革命精神，译者在解读"问题"时候需要有高度的政治意识，判断"问题"所范畴化的信息是不是一个携带负面评价意义的"问题"，从附带评价意义属性的"problem"到一般中性评价意义的"issue"，再到不携带评价意义但携带人际互动意义的"question"作出多个层面判断。也就是说，人际意义对等才是政治翻译中考验译者的重要方面。

其次，本书的数据表明，不能简单地把"范畴词"省译看作政治翻译的规范策略，而是应该在个别情况下才使用的策略，这是为了能够更加忠实传达原文的人际意义特征。由于英汉的差异，汉语倾向于罗列和并置结构，并置结构中的结构多样松散，嵌入投射中的修饰语信息密度较大，"问题"往往只是一个罗列后的高度范畴化的总结标记，前面的信息属于何种性质判断难度大。在这种情况下，省译才是最应该选取的翻译策略。大部分情况下，对"问题"的性质还是要作精准传达。

六、总结

"问题"既是汉语政治语篇中的重要词汇，也是嵌入投射的重要构词。本章以汉语政治语篇中的"问题"为抓手，对《习近平谈治国理政》多语数据库综合平台中出现的1206个"问题"及其英语翻译的词汇语法分布规律进行统计分析，观察英汉嵌入投射的差异。得出主要发现有：

首先，汉语中的嵌入投射语法标记单一，以"的"为标记，嵌入小句和其他词组结构可并置于名词中心语前，结构更为松散。相比之下，英语的嵌入投射语法标记多样，后置于名词中心语可以是小句，更多的是介词短语结构，许多介词隐喻式地表达投射意义。

其次，汉语的嵌入投射名词范畴化程度更高，"问题"是否携带负面评价意义、人际互动意义不明确，需要通过前面的修饰语信息去判定，语义权重低。英语的嵌入投射名词范畴化程度低，因此译者需要在政治语篇翻译中作积极判断，做到人际意义对等，只有在嵌入投射修饰语信息密度较大，情况较为复杂情况下才更加倾向于选择省译策略。

最后，在平时的翻译教学中，往往简单化地把"问题"省译作为汉英翻译策略，本研究数据表明这种教学方法应该改进，译者应该认真分析上下文情况，认真判断"问题"的意义和所处的语法结构环境作出是否省译的判断。如果"问题"携带了评价意义，尽量要将人际意义传达到译文中去，人际意义对等是政治翻译的普遍规范。

从本书可见，嵌入投射涉及的名词属于抽象名词，其语义功能和句法结构都有其特殊性和跨语言差异，在不同类型的语篇中也发挥着相应的功能，考察嵌入投射名词在描述性翻译研究中，特别是基于语料库大数据的考察中有广泛的研究空间，既能为我们揭开更加具体的语言类型学差异，也能更加深刻地揭示翻译转换在某些微观或者维度对等的语言学机制。

参考文献

一、中文文献

［1］柴同文. 英语存在型强势主位结构的评价功能［J］. 天津外国语学院学报, 2007（6）: 32–39.

［2］曹爽. 20世纪50年代以来现代汉语抽象名词研究概观与展望［J］. 理论月刊, 2015（7）: 53–58.

［3］常晨光. 英语中的人际语法隐喻［J］. 外语与外语教学, 2001（7）: 6–8.

［4］常晨光. 语法隐喻与经验的重新建构［J］. 外语教学与研究, 2004（1）: 31–36.

［5］常晨光. 语言研究与语言事实［J］. 外语艺术教育研究, 2006（2）: 6.

［6］常晨光. 评价意义的韵律性特征［J］. 北京科技大学学报（社会科学版）, 2008（3）: 101–107.

［7］陈丽丹. 基于语料库的商务英语本科学位论文"N+that"同位语结构中外壳名词研究［J］. 浙江外国语学院学报, 2015（6）: 28–35.

［8］陈树坤. 投射语义辖域视角下附加语功能句法分析［J］. 外语研究, 2015（3）: 36–41.

［9］陈树坤. 汉语联接系统中"说"的功能阐释: 系统功能语言学视角［J］. 湖北民族学院学报（哲学社会科学版）, 2016, 34（1）: 180–184.

［10］陈树坤. 角度成分的人际功能及其翻译: 基于《红楼梦》平行语料

库的研究［J］.外语与外语教学，2017，26（6）：134–144，149.

［11］陈树坤.级转移与复合介词：汉语投射介词短语的功能语法辨析［J］.
西安外国语大学学报，2018（2）：46–51.

［12］陈树坤.投射角度环境成分英汉对比分析：系统功能类型学视角［J］.
西安外国语大学学报，2021（3）：33–38.

［13］陈树坤，黄中习.再实例化视角下民族志多模态译注研究——以《回
招亡魂：布洛陀经文》为例［J］.西藏民族大学学报（哲学社会科学版），
2019（2）：96–102，119.

［14］陈树坤，刘萱.内容介词短语的功能语法分析：悉尼模式与加的夫
模式对比视角［J］.北京科技大学学报（社会科学版），2020（4）：
7–15.

［15］陈树坤.英汉投射语言对比研究：系统功能类型学视角［M］.重庆：
重庆大学出版社，2020.

［16］陈胜男，胡志清.中国学者英汉学术论文外壳名词使用情况对比研
究［J］.外语教育，2018（00）：63–71.

［17］陈春华，马龙凯.新冠肺炎新闻评论中的态度资源与形容词型式——
基于型式语法的研究［J］.外语教学，2022（3）：22–29.

［18］陈颖芳，马晓雷.英语学术语篇中外壳名词的动词搭配研究：基于
"事件域认知模型"的视角［J］.外语与外语教学，2020（1）：
91–100，149.

［19］丁建新.英语小句复合体投射系统之研究［J］.现代外语，2000（1）：
45–57.

［20］董敏.外壳名词及其翻译对等的语法型式分析［J］.外语教学，
2017（2）：86–90.

［21］方清明.口语里由"没+抽象名词"构成的应答标记［J］.对外汉
语研究，2014a（1）：86–97.

［22］方清明.汉语抽象名词的语料库研究［J］.世界汉语教学，2014b，
28（4）：532–544.

［23］方清明.基于语料库和软件技术的抽象名词搭配研究［J］.汉语学习，

2015（3）：69-77.

［24］方清明.《现代汉语词典》抽象名词语义韵的定量、定性研究——基于语料库和 Antcon3.2.4w 技术［J］. 辞书研究，2015（4）：17-23，94.

［25］方清明. 论抽象名词词串的语篇照应功能［J］. 汉语学习，2016（4）：52-63.

［26］方清明. 汉语抽象名词词典释义的计量研究［J］. 国际汉语学报，2017，8（1）：127-143.

［27］方清明. 叙实抽象名词"事实"的句法、语义探析［J］. 语言研究集刊，2018a（3）：17-36，372.

［28］方清明. 书面语"双音介词 +NP_ 抽"的规模、形式与来源［J］. 汉语学习，2018b（4）：29-38.

［29］方清明. 高频抽象名词的语义属性与搭配行为研究［J］. 国际汉语学报，2019，10（1）：87-99.

［30］方清明. 基于型式搭配视角的高频易混淆抽象名词辨析研究［J］. 语言教学与研究，2020（4）：49-57.

［31］方清明，彭小川. 论"问题"的组配能力与临时概念化功能［J］. 语言科学，2011，10（4）：385-395.

［32］方清明，洪蕙婷. 基于汉语对比视角的印尼语抽象名词研究［J］. 华文教学与研究，2016（4）：70-78，86.

［33］郝兴刚，李怀娟. 英语政治新闻中评价型强势主位结构的功能［J］. 江苏外语教学研究，2014（1）：55-58.

［34］何静，王淑雯. 中外学者英语学术语篇中外壳名词的对比研究——基于石油天然气类实验性英语学术语篇语料库［J］. 开封文化艺术职业学院学报，2020，40（2）：41-42.

［35］胡元江，陈晓雨. 基于语料库的美国总统演讲语篇外壳名词研究——以特朗普就职前后演讲为例［J］. 外国语文，2018，34（4）：81-86.

［36］黄国文. 英语强势主位结构的句法 - 语义分析［J］. 外语教学与研究，

1996（3）：44-48，80.

［37］黄国文，何伟，廖楚燕.系统功能语法入门：加的夫模式［M］.北京：北京大学出版社，2008.

［38］黄国文,丁建新.沃尔夫论隐性范畴［J］.外国语言文学研究,2004(4).

［39］何伟，张敬源，贾培培，等.英语功能句法分析［M］.北京：外语教学与研究出版社，2015.

［40］何伟，张瑞杰，淡晓红，等.英语功能语义分析［M］.北京：外语教学与研究出版社，2016a.

［41］何伟，张瑞杰，淡晓红，等.汉语功能语义分析［M］.北京：外语教学与研究出版社，2016b.

［42］何伟，高生文.传统语法、悉尼语法、加的夫语法的句法描述思想：从三者对一类语言现象的分析谈起［J］.中国外语，2011，8（6）：26-33.

［43］胡壮麟，朱永生，张德禄.系统功能语法概论［M］.长沙：湖南教育出版社，1992.

［44］纪玉华，吴建平.语义韵研究：对象、方法及应用［J］.厦门大学学报（哲学社会科学版），2000（3）：63-68.

［45］贾培培，张敬源.投射的递归性研究［J］.中国外语，2015，12（5）：41-48.

［46］贾培培,曾蕾.新闻语篇中投射源的研究[J].中国外语,2021,18(4)：40-46.

［47］姜峰.本质、特征、关系：外壳名词三分法及人际功能研究［J］.语料库语言学，2015，2（2）：62-74，116-117.

［48］姜峰.外壳名词的立场建构与人际功能[J].现代外语,2016,39(4)：470-482，583.

［49］姜峰.元话语名词：学术语篇人际互动研究的新视角［J］.解放军外国语学院学报，2019（2）：63-72，159.

［50］孔乃卓.英语强势主位的结构及其语篇功能［J］.西安外国语学院学报，2002（2）：16-21.

［51］雷莉．汉语话题标记研究［J］.西南民族学院学报（哲学社会科学版），
    2001（12）：224-227.

［52］凌子惠，刘正光．概念合成限制理论对汉语"抽象 N_1+N_2"结构
    的解释力［J］.外语学刊，2008（5）：20-25.

［53］李桔元．投射与经验识解［J］.中国外语，2007（1）：36-41.

［54］李晓红,卫乃兴．汉英对应词语单位的语义趋向及语义韵对比研究［J］.
    外语教学与研究，2012（1）：20-33，157.

［55］李晶,曾蕾．生态系统类型视域下的投射功能类别探讨［J］.中国外语，
    2022，19（6）：52-59.

［56］李艳蕊．汉英翻译的过度冗余及其成因［J］.湖州师范学院学报，
    2005（6）：40-43.

［57］李宗江．表达负面评价的语用标记"问题是"［J］.中国语文，2008（5）：
    423-426.

［58］廖益清．英语投射型小句复合体的功能语言学分析［J］.外语学刊，
    2006（1）：59-67.

［59］刘芹,王心怡．理工科硕士论文英文摘要中的外壳名词使用研究［J］.
    外语界，2016（2）：52-60.

［60］刘珊．基于语料库的中国英语学习者心理类外壳名词构式习得研究
    ［J］.成都师范学院学报，2019，35（11）：66-72.

［61］李忠华．系统功能语言学视角下的或然性研究［J］.北京科技大学
    学报（社会科学版），2011，27（3）：13-16.

［62］梁红艳．投射"意义发生"机制及其系统［J］.山西大学学报（哲
    学社会科学版），2015，38（4）：51-56.

［63］梁红艳．汉语投射语句的概念功能模式构建［J］.外语学刊，2019（1）：
    52-56.

［64］梁鲁晋．投射系统中的现象［J］.外语学刊，2004（4）：55-58.

［65］刘国兵,王凡瑜．中外学者学术论文局部语法型式评价取向研究——
    语料库语言学视角［J］.外语电化教学，2019（2）：53-60.

［66］刘萍．英、汉学习词典中外壳名词释义对比研究［D］.上海：上海

外国语大学，2019.

[67] 娄宝翠.基于语料库的研究生学术英语语篇中外壳名词使用分析[J].外语教学，2013，34（3）：46-49，53.

[68] 龙日金，彭宣维.现代汉语及物性研究[M].北京：北京大学出版社，2012.

[69] 龙涛.抽象名词的隐喻性"有界"空间范畴义[J].武汉大学学报（人文科学版），2011，64（4）：112-117.

[70] 鲁莹.话题化的元话语标记"X的是"[J].语言研究，2019，39（2）：51-57.

[71] 苗兴伟.英语的评价型强势主位结构[J].山东外语教学，2007（2）：54-57.

[72] 彭宣维.汉英评价意义分析手册：评价语料库的语料处理原则与研制方案[M].北京：北京大学出版社，2015.

[73] 齐曦.论英语使役结构与"投射"[J].北京科技大学学报（社会科学版），2009，25（1）：106-111.

[74] 仇伟，张法科.假拟分裂句的功能分析[J].天津外国语学院学报，2004（5）：20-24.

[75] 邵斌，杨静.英汉名动范畴边界渗透的类型学考察[J].外国语（上海外国语大学学报），2022，45（3）：2-10.

[76] 邵春.英语评价型强势主位结构的双层评价功能[J].英语研究，2016（1）：67-75.

[77] 石毓智.英汉动词概念结构的差别对其被动表达的影响[J].外语教学与研究，2004（6）：403-411，481.

[78] 孙海燕.学习者叙实类外壳名词的搭配构式发展特征[J].外语与外语教学，2017（2）：81-89，149.

[79] 孙慧妍."问题是"的篇章连接作用[J].井冈山学院学报，2006（5）：66-68.

[80] 田筠，苗兴伟.媒体语篇中评价型强势主位结构的组篇功能[J].外语电化教学，2011（3）：28-32.

［81］王勇.预指代词 it 的系统功能语言学研究［J］.现代外语,2005(3):
      265-271,329.

［82］王勇.评价型强势主位结构的语篇功能［J］.英语研究,2006,4(4):
      58-65.

［83］王勇.评价型强势主位结构的功能理据分析［J］.外语学刊,2011(2):
      56-61.

［84］王勇,徐杰.系统功能语言学与语言类型学［J］.外国语(上海外
      国语大学学报),2011,34(3):40-48.

［85］王根莲.投射系统的级转移现象［J］.外语研究,2014(5):7-11,
      17.

［86］王根莲."事实"投射的句构与功能语义阐释［J］.北京科技大学学
      报(社会科学版),2014,30(3):10-16.

［87］王根莲.投射动词词组复合体的语义特征探析［J］.北京科技大
      学报(社会科学版),2019,35(4):9-15.

［88］王冰昕,卫乃兴.中西学者学术论文特征性 it 评价型式与意义的对
      比研究［J］.外语与外语教学,2018(6):53-64,145.

［89］王品.系统功能类型学视阈下的语法描写范式——以语气系统为例
      ［J］.外国语(上海外国语大学学报),2022,45(5):53-64.

［90］王赛珈."问题是"的话语标记化——基于征派机制的解释［J］.华
      中学术,2020,13(2):167-180.

［91］王汐.实例化、实现化与个体化三维翻译视角——以《道德经》英
      译为个案［J］.外语教学,2018,39(2):86-90.

［92］王亚南,张凌.英语外壳名词国内研究现状［J］.重庆第二师范学
      院学报,2018,31(6):54-58.

［93］卫乃兴.语义韵研究的一般方法［J］.外语教学与研究,2002(4):
      300-307.

［94］卫乃兴,张毓.概指名词研究:概念框架、分析路径与技术方法［J］.
      外语与外语教学,2016(5):1-11,144.

［95］伍斌,胡志清.汉语对中国英语学习者英语学术写作中外壳名词使

用的影响研究［J］.外语教育，2018（00）：72-82.

［96］武光军.2010年政府工作报告英译本中的迁移性冗余：分析与对策［J］.中国翻译，2010，31（6）：64-68.

［97］萧净宇.俄语投射小句复合体研究［J］.中国俄语教学，2001（2）：6.

［98］肖若琳，卫乃兴.中西学者学术论文中 N that-cl 型式的语料库对比研究［J］.当代外语研究，2017（1）：34-41，110.

［99］肖志清.政经类文本汉译英范畴词的省译［J］.海外英语，2016（20）：122-123，136.

［100］徐杰.主语成分、话题特征及相应语言类型［J］.语言科学，2003（1）：3-22.

［101］荀恩东，饶高琦，肖晓悦，等.大数据背景下BCC语料库的研制［J］.语料库语言学，2016，3（1）：93-109，118.

［102］杨国文.汉语句段的主从投射和嵌入投射［J］.当代语言学，2017，19（2）：207-221.

［103］杨曙，常晨光.系统功能类型学——类型学之功能视角［J］.外语与外语教学，2013（4）：35-38.

［104］杨延宁.汉语语法隐喻研究［M］.北京：北京大学出版社，2020.

［105］杨忠.翻译作为再实例化过程的语篇意义对等及译者主体作用［J］.外语与外语教学，2017（4）：97-107，149-150.

［106］于晖.语篇体裁复合体——试析语篇体裁之间的逻辑语义关系［J］.解放军外国语学院学报，2009，32（2）：14-18，28.

［107］袁昌万，刘承宇，常淑丽.系统功能语言学与语料库的契合［J］.外国语文，2016，32（1）：104-109.

［108］源可乐.英语"外壳名词"及其相关信息在教学型词典中的处理［J］.辞书研究，2006（3）：77-86.

［109］辛志英，黄国文.概念投射与人际投射之间动态转换的触发机制［J］.外语电化教学，2010（5）：64-69.

［110］张克定.主位化评述结构及其评价功能［J］.外语教学，2007（5）：14-17.

［111］张磊，卫乃兴．中外法律学者学术论文评价局部语法型式对比研究
　　　　［J］．解放军外国语学院学报，2017，40（3）：10-18，159.

［112］张继东，席龙井．社会科学学术语篇 it v-link ADJ that/to-inf 型式评
　　　　价取向研究［J］．西安外国语大学学报，2016，24（1）：40-45.

［113］张雪梅，刘萍．英语外向型学习词典中抽象名词释义的局部语法研
　　　　究——以《牛津高阶英语词典》（第8版）外壳名词语料为例［J］．
　　　　外语电化教学，2019（4）：99-105.

［114］张毓，卫乃兴．中国学者学术英语概指名词的特征性意义研究［J］．
　　　　外语与外语教学，2019（5）：58-73，149.

［128］张宏，章宜华．英语学习词典中概念外壳名词从句信息处理的对比
　　　　研究［J］．外语研究，2007（1）：59-65，80.

［129］张璐．"问题是"的话语标记化［J］．语言研究，2015（2）：28-
　　　　32.

［130］张毓，卫乃兴．学术文本概指名词双重功能研究及对英语教学的启
　　　　示［J］．中国外语教育，2017，10（2）：54-61，97.

［131］曾蕾．从功能语言学角度看"投射"与语篇分析［J］．外语与外语教学，
　　　　2000（11）：15-17.

［132］曾蕾．英汉"投射"小句复合体的功能与语义分析［J］．现代外语，
　　　　2000（2）：163，164-173.

［133］曾蕾．系统功能语法中的"元现象"［C］//常晨光，丁建新，周红云．功
　　　　能语言学与语篇分析新论．北京：北京大学出版社，2008.

［134］曾蕾．英语学术语篇中投射动词时态的语法隐喻［J］．北京科技大
　　　　学学报（社会科学版），2008（2）：104-108.

［135］曾蕾．从投射小句复合体到投射语段——以《论语》原文与译文的
　　　　对等分析为例［J］．现代外语，2016，39（1）：42-51，146.

［136］曾蕾，胡瑾．学术话语中的多模式"投射"［J］．湖南人文科技学
　　　　院学报，2007（5）：141-145.

［137］曾蕾，梁红艳．学术话语中多模式投射"隐喻式"［J］．西安外国
　　　　语大学学报，2007（4）：14-18.

［138］曾蕾，胡红辉.《论语》及其英译本中投射语言结构的功能语篇对等研究［J］.外语与外语教学，2015（6）：75-79，86.

［139］曾蕾，梁红艳."事实"定位及其投射系统［J］.现代外语，2012（1）：23-29，108.

［140］曾蕾，杨慕文.视觉语法与功能语法的投射分析比较研究［J］.北京科技大学学报（社会科学版），2016，32（6）：1-4，11.

［141］曾蕾，杨慕文.图文语篇中的投射分析框架构建探讨［J］.西安外国语大学学报，2016，24（4）：35-38.

［142］曾蕾，杨慕文.学术漫画的投射系统研究［J］.现代外语，2019，42（5）：610-622.

［143］曾蕾，于晖."投射符号"的人际意义及其等级模式之构建［J］.外语教学，2005（6）：25-29.

二、英文文献

［1］AKTAS R, CORTES V. Shell nouns as cohesive devices in published and ESL student writing［J］. Journal of English for Academic Purposes, 2008, 7（1）: 3-14.

［2］ALEXANDER L G. Longman English Grammar［M］. London: Longman, 1988.

［3］ALVES F, PAGANO A, DA SILVA I. Effortful text production in translation: A study of grammatical（de）metaphorization drawing on product and process data［J］. Translation and Interpreting Studies, 2014, 9（1）: 25-51.

［4］ARÚS-HITA J, TERUYA K, BARDI M, et al. Quoting and reporting across languages: A system based and text-based typology［J］. WORD, 2018, 64（2）: 69-102.

［5］BAKER M. In other words: A coursebook on translation［M］. London: Routledge, 2018.

［6］BARDAJI A. Procedures, techniques, strategies: Translation process operators ［J］. Perspectives: Studies in Translation Theory and Practice, 2009, 17（3）: 161–173.

［7］BEDNAREK M. Evaluation in media discourse: Analysis of a newspaper corpus ［M］. Oxford: A&C Black, 2006.

［8］BENITEZ-CASTRO M. Coming to grips with shell-nounhood: A critical review of insights into the meaning, function and form of shell-noun phrases ［J］. Australian Journal of Linguistics, 2015, 35（2）: 168–194.

［9］BENITEZ-CASTRO M, THOMPSON P. Shell-nounhood in academic discourse: A critical state-of-the-art review ［J］. International Journal of Corpus Linguistics, 2015, 20（3）: 378–404.

［10］BIBER D, JOHANSSON S, LEECH G, et al. Longman Grammar of Spoken and Written English ［M］. Beijing: Foreign Language Teaching and Research Press, 1999.

［11］BISIADA M. The editor's invisibility ［J］. Target: International Journal of Translation Studies, 2018, 30（2）: 288–309.

［12］BOLINGER D. Meaning and form ［M］. London: Longman, 1977.

［13］BUCHSTALLER I, VAN ALPHEN I. Quotatives: Cross-linguistic and cross-disciplinary perspectives ［M］.Amsterdam/Philadelphia: John Benjamins Publishing, 2012.

［14］CAFFAREL A, MARTIN J, MATTHIESSEN C. Language Typology: A Functional Perspective ［M］. Amsterdam/Philadelphia: John Benjamins, 2004.

［15］CHANG C. Modelling translation as re-instantiation ［J］. Perspectives: Studies in Translation Theory and Practice, 2018, 26（2）: 166–179.

［16］CHANG C. The synergy of systemic functional linguistics and corpus linguistics ［M］// SCEMIED J, CHANG C, HOFMAN M. Working with discourses: corpus and systemic functional perspectives. Göttingen:

Cuvillier, 2020: 249–258.

［17］CHANG C. Modelling translation as re-instantiation ［J］. Perspectives: Studies in Translation Theory and Practice, 2017, 26 (2): 166–179.

［18］CHEN S, XUAN W, YU H. Applying systemic functional linguistics in translation studies: A research synthesis ［J］. Babel: International Journal of Translation, 2022, 68 (4): 517–545.

［19］CHEN S, MO A, YANG S. 'We should have a deep understanding': reinstantiating cognitive processes in the translation of Chinese political discourse ［J］. Perspectives: Studies in Translation Theory and Practice, 2023.

［20］COLLINS P. Extraposition in English ［J］. Functions of Language, 1994, 1 (1).

［21］DAMASKINDIS G. Ideological shifts between bilingual EU texts: A critical discourse analysis (CDA) approach to translation ［J］. Babel: International Journal of Translation, 2017, 63 (5): 702–708.

［22］DE SOUZA L. Interlingual re-instantiation: A model for a new and more comprehensive systemic functional perspective on translation ［D］. Florianopolis: Universidade Federal de Santa Catarina, 2010.

［23］DE SOUZA L. Interlingual re-instantiation: A new systemic functional perspective on translation ［J］. Text & Talk, 2013, 33 (4–5): 575–594.

［24］DONG M, FANG C. Shell nouns as grammatical metaphor revealing disparate construals: Investigating the differences between British English and China English based on a comparable corpus ［J］. Corpus Linguistics and Linguistic Theory, 2019, 17 (3).

［25］DONG M, FANG C, QIU X. Shell nouns as grammatical metaphor in knowledge construal: Variation across science and engineering discourse ［J］. Corpus Linguistics and Lingustic Theory, 2024.

［26］DONG M, FANG C, QIU X. Shell nouns as grammatical metaphor in knowledge construal: Variation across science and engineering discourse [J]. Corpus Linguistics and Linguistic Theory, 2020.

[27] FAIRCLOUGH N. Critical discourse analysis: The critical study of language [M]. London: Longman, 1995.

[28] FAWCETT R., HUANG G. A functional analysis of the enhanced theme construction in English [J]. Interface: Journal of Applied Linguistics, 1995, 10 (1): 113-144.

[29] FAWCETT R. The many types of 'theme' in English: their semantic systems and their functional syntax [Z]. Manuscript, 2007.

[30] FAWCETT R. Problems and solutions in identifying processes and participant roles in discourse analysis part 2: how to handle metaphor, idiom and six other problems [J]. Annual Review of Functional Linguistics, 2013.

[31] FAWCETT R P. Learning how to mean [M]. London: Edward Arnold, 1981.

[32] FAWCETT R P. The many types of 'theme' in English: Their semantic systems and their functional syntax [Z]. Manuscript, 2000.

[33] FRANCIS G. Labelling discourse: An aspect of nominal-group lexical cohesion [M] // COULTHARD M. Advances in written text analysis. London: Routledge, 1994.

[34] FU R. Comparing modal patterns in Chinese-English interpreted and translated discourses in diplomatic setting: A systemic functional approach [J]. Babel: International Journal of Translation, 2016, 62(1).

[35] GAO Y, ZHANG Y. "There is a possibility that..." —Shell Nouns in Academic Writing by Chinese and Swedish [J]. Linguistics and Literature Studies, 2018, 6 (2).

[36] GREENBERG J. Some universals of grammar with particular reference to the order of meaningful elements [M] // GREENBERG J. Universals of Language. Cambridge: MIT Press, 1963.

[37] GREENBERG J. Language universals: With special reference to feature hierarchies [M]. The Hauge: Mouton, 1966.

[38] GREENBERG J H. Language universals: With special reference to feature hierarchies [M]. The Hague: Mouton, 1978.

[39] GUILLEN-GALVE I. Representational transference in translation: A reflection on the interpretive possibilities of interlinguistic grammatical metaphor [M] // ERRASTI M, SANZ R, ORNAT S. Pragmatics at work: The translation of tourist literature. Bern: Peter Lang, 2004: 29–56.

[40] GUMUL E. Translational shifts of syntactic and lexical markers of ideology: Reporting the Iraqi conflict in Polish reprint press [J]. Meta: Translators' Journal, 2011, 56 (4).

[41] HALLIDAY M. Learning how to mean [M]. London: Edward Arnold, 1975.

[42] HALLIDAY M. Text as semantic choice in social contexts [M] // VAN DIJK T, PET Ö FI J. Grammars and descriptions: Studies in text theory and text analysis. Berlin: de Gruyter, 1977: 176–225.

[43] HALLIDAY M. An introduction to functional grammar [M]. London: Edward Arnold, 1985.

[44] HALLIDAY M. An introduction to functional grammar [M]. London: Hodder Education Publishers, 1994.

[45] HALLIDAY M. On the grammar of pain [J]. Functions of Language, 1998, 5 (1): 1–32.

[46] HALLIDAY M. An Introduction to Functional Grammar(2nd edition)[M]. Beijing: Foreign Language Teaching and Research Press; London: Edward Arnold, 2000.

[47] HALLIDAY M. Towards a theory of good translation [A] // STEINER E, YALLOP C. Exploring translation and multilingual text production: Beyond content (Volume 3). Berlin: Walter de Gruyter, 2001: 13–

18.

[48] HALLIDAY M. Language and knowledge: the unpacking of text [M] // WEBSTER J. The Language of Science. London: Continuum, 2004: 24-48.

[49] HALLIDAY M. The grammatical construction of scientific knowledge: the framing of the English clause [M] // WEBSTER J. The Language of Science. London: Continuum, 2004: 102-134.

[50] HALLIDAY M. The notion of "context" in language education[M]// LÊT, MCCAUSLAND M. Reprinted with amendment in Ghadessy M. Final version: Reprinted in Collected Works.London: Bloomsbury, 2007: 269-290.

[51] HALLIDAY M. Complementarities in languages [M] . Beijing: The Commercial Press, 2008.

[52] HALLIDAY M. The gloosy ganoderm: Systemic functional linguistics and translation [J] . The Chinese Translators Journal, 2009（1）: 17-26.

[53] HALLIDAY M. Aspects of language and learning [M] . Berlin: Springer, 2016.

[54] HALLIDAY M, HASAN R. Cohesion in English [M] . London: Routledge, 1976.

[55] HALLIDAY M, MARTIN J. Writing science: Literacy and discursive power [M] . London: Routledge, 1993.

[56] HALLIDAY M, HASAN R. Cohesion in English [M] . London: Routledge, 2001.

[57] HALLIDAY M, MATTHIESSEN C. An introduction to functional grammar [M] . London: Edward Arnold, 1999.

[58] HALLIDAY M, MATTHIESSEN C. An introduction to functional grammar [M] . London: Hodder Education, 2004.

[59] HALLIDAY M, MATTHIESSEN C. Halliday's introduction to functional grammar [M] . London: Routledge, 2014.

[60] HALLIDAY M, MCDONALD E. Language and knowledge: The unpacking of text [M] . London: Continuum, 2004.

[61] HENSHALL A. Shell Nouns: in a Systemic Functional Linguistics perspective [D] . Lisboa: Universidade de Lisboa, 2015.

[62] HERRIMAN J L. Towards a theory of good translation [A] // STEINER E, YALLOP C. Exploring translation and multilingual text production: Beyond content.Berlin: Walter de Gruyter, 2000: 13–18.

[63] HOLSTING K. The clause–relational approach to English texts: A study of some predictive lexical items in written discourse [J] . Instructional Science, 2008, 6: 1–92.

[64] HUANG G. Searching for metafunctional equivalence in translated texts[M] // WEBSTER J, PENG X W. Applying systemic functional linguistics. London: Bloomsbury, 2017: 285–306.

[65] HUANG X. Transitivity in English–Chinese literary translation: The case of James Joyce' s "two gallants" [J] . Babel: International Journal of Translation, 2013, 59 (1) : 93–109.

[66] HUNSTON S, THOMPSON G. Evaluation in text: Authorial stance and the construction of discourse [M] . New York: Oxford University Press, 2000: 94–120.

[67] HUNSTON S, FRANCIS G. Pattern grammar: A corpus–driven approach to the lexical grammar of English [M] . Amsterdam/Philadelphia: John Benjamins Publishing, 1996.

[68] HUNSTON S, THOMPSON G. Evaluation in text: Authorial stance and the construction of discourse [M] . New York: Oxford University Press, 2000.

[69] HYLAND K. Metadiscourse: Exploring Interaction in Writing [M] . Cambridge: Cambridge University Press, 2005.

[70] IEDEMA R, FEEZ S, WHITE P. Media Literacy (Write it Right Literacy in Industry Research Project – Stage 2) [R] . [S. 1.] :

Metropolitan East Disadvantaged Schools Program, 1994.

[71] IVANIC R. Nouns in search of a context: A study of nouns with both open-and closed-system characteristics [J]. IRAL-International Review of Applied Linguistics in Language Teaching, 1991, 29 (2).

[72] JIANG FK, HYLAND K. 'The fact that': Stance nouns in disciplinary writing [J]. Discourse Studies, 2015, 17 (5): 529-550.

[73] JIANG F, HYLAND K. 'The fact that': Stance nouns in disciplinary writing [J]. Discourse Studies, 2017, 17 (5): 529-550.

[74] JIANG S. Text as semantic choice in social contexts [M] // VAN DIJK T, PET Ö FI J. Grammars and descriptions: Studies in text theory and text analysis.Berlin: de Gruyter, 1983: 176-225.

[75] KALTENBOCK G. On the syntactic and semantic status of anticipatory it [J]. English Language and Linguistics, 2003, 7 (2): 235-255.

[76] LI C, THOMPSON S. Mandarin Chinese: A functional reference grammar [M]. Berkeley: University of California Press, 1989.

[77] LIU Q, DENG L. A genre-based study of shell-noun use in the N-be-that construction in popular and professional science articles [J]. English for Specific Purposes, 2017, 48: 32-43.

[78] LYON J. Semantics (volume 2) [M]. Cambridge: Cambridge University Press, 1977.

[79] LEE S. An application of multiple coding for the analysis of ATTITUDE in an academic argument [J]. Linguistics & the Human Sciences, 2007, 3(2).

[80] LEE S. Evaluative stances in persuasive essays by undergraduate students: focusing on APPRECIATION resources [J]. Text & Talk, 2015, 35 (1): 49-76.

[81] LEE S. Attitude in undergraduate persuasive essays [J]. Prospect, 2008, 23 (3): 43-58.

[82] LI J, LI S. New trends of Chinese political translation in the age of globalisation [J]. Perspectives: Studies in Translation Theory and

Practice, 2015, 23 (3): 424-439.

[83] LI T, XU F. Re-appraising self and other in the English translation of contemporary Chinese political discourse [J]. Discourse, Context & Media, 2018, 25: 106-113.

[84] LI J, LI S. New trends of Chinese political translation in the age of globalisation [J]. Perspectives: Studies in Translation Theory and Practice, 2015, 23 (3): 424-439.

[85] LI T, XU F. Re-appraising self and other in the English translation of contemporary Chinese political discourse [J]. Discourse, Context & Media, 2018, 25: 106-113.

[86] MARCO J. Register analysis in literary translation: A functional approach [J]. Babel, 2000, 46 (1): 1-19.

[87] MARTIN J. Introduction: Semantic variation: Modelling realization, instantiation and individuation in social semiosis [A] // BEDNAREK M, MARTIN J. New discourse on language. London: Continuum, 2009: 1-34.

[88] MARTIN J, DORAN Y, ZHANG D. Nominal Group Grammar: System and Structure [J]. WORD, 2021, 67 (3): 248-280.

[89] MATTHIESSEN C. Lexicogrammatical Cartography: English system [M]. Tokyo: International Language Sciences Publishers, 1995.

[90] MATTHIESSEN C. The environment of translation [M] // STEINER E., YALLOP C. Exploring translation and multilingual text production: Beyond content. Berlin: Mouton de Gruyter, 2001: 41-124.

[91] MATTHIESSEN C. Choice in translation: Metafunctional considerations [M] // KUNZ K, TEICH E, HANSEN-SCHIRRA S, et al. Caught in the Middle: Language Use and Translation. [S. 1.]: Saarland University Press, 2014: 271-334.

[92] MATTHIESSEN C. Register in the round: Registerial cartography [J]. Functional Linguistics, 2015, 2 (1): 1-48.

[93] MARTIN J. Conjunction: The logic of English text [A] // PET Ö FI

J S, SÖZER E. Micro and macro connexity of texts. Hamburg: Papers in Textlinguistics 45, 1983: 1–72.

[94] MARTIN J. English Text: System and Structure [M].Amsterdam/ Philadelphia: John Benjamins Publishing, 1992.

[95] MARTIN J R. Introduction: Semantic variation: Modelling realization, instantiation and individuation in social semiosis [A] // BEDNAREK M, MARTIN J. New discourse on language.London: Continuum, 2006: 1–34.

[96] MARTIN J R, RISE D. Working with discourse: Meaning beyond the clause [M]. London: Continuum, 2003.

[97] MARTIN J R, WHITE P R R. The language of evaluation: Appraisal in English [M]. New York: Palgrave Macmillan, 2005.

[98] MATTHIESSEN C M I M. Lexicogrammatical Cartography: English system [M]. Tokyo: International Language Sciences Publishers, 2002.

[99] MATTHIESSEN C M I M. Language Typology: A Functional Perspective [M]. Amsterdam/Philadelphia: John Benjamins, 2004.

[100] MWINLAARU M, XUAN W. A synthesis of research on grammatical metaphor: Meta–data and content analysis[J]. WORD, 2016, 65(4): 213–233.

[101] MCGREGOR W. How Many Types of Internal Conjunction? [J]. Functions of Language, 1999, 6 (1): 139–151.

[102] MILLAR N, HUNSTON S. Adjectives, communities, and taxonomies of evaluative meaning [J]. Functions of Language, 2015, 22 (3): 297–331.

[103] MUNDAY J. Translation and ideology[J]. The Translator, 2007, 13(2): 195–217.

[104] MUNDAY J. Evaluation in translation: Critical points of translator decision–making [M]. London: Routledge, 2012.

[105] MUNDAY J. A model of appraisal: Spanish interpretations of president

Trump' s inaugural address 2017 [J]. Perspectives: Studies in Translation Theory and Practice, 2018, 26 (2): 180–195.

[106] NESBITT C J, PLUM G A. A register-based translation evaluation: An advertisement as a case in point [J]. Target: International Journal of Translation Studies, 1988, 10 (2): 291–318.

[107] PATPON T. Towards a contextual grammar of English: The clause and its place in the definition of sentence [M]. London: Routledge, 2009.

[108] PINKHAM J. The Translator' s Guide to Chinglish [M]. Beijing: Foreign Language Teaching and Research Press, 2000.

[109] QUIRK R, GREENBAUM S, LEECH G, et al. A Comprehensive Grammar of the English Language [M].London: Longman, 1985.

[110] RAVELlI L. Grammatical metaphor: An initial analysis [J]. Pragmatics, Discourse and Text, 1988.

[111] RAVELlI L. Renewal of connection: Integrating theory and practice in an understanding of grammatical metaphor [M] // SIMON-VANDENBERGEN A-M, TAVERNIERS M, RAVELLI L. Grammatical metaphor: Views from systemic functional linguistics. Amsterdam/Philadelphia: John Benjamins, 2003: 37–64.

[112] ROSS J. On declarative sentences [A] // JACOBS R, ROSENBAUM P.Readings in English Transformational Grammar. Waltham: Ginn and Company, 1970: 222–272.

[113] SCHMID H. English abstract nouns as conceptual shells: From corpus to cognition [M]. Berlin: Mouton de Gruyter, 2000.

[114] SCHÄFFNER C. Metaphor and translation: Some implications of a cognitive approach [J]. Journal of Pragmatics, 2004, 36 (7): 1253–1269.

[115] SCHÄFFNER C, BASSNETT S. Political discourse, media and translation [M]. Cambridge: Cambridge Scholars Publishing, 2010.

[116] SHINZATO R. Some observations concerning mental verbs and speech

act verbs [J]. Journal of Pragmatics, 2004, 36 (7): 861–882.

[117] SIMON-VANDENBERGEN A., TAVERNIERS M., RAVELLI L. Grammatical metaphor: Views from systemic functional linguistics [M]. Amsterdam/Philadelphia: John Benjamins, 2003.

[118] SINCLAIR J. Corpus, Concordance, Collocation [M]. New York: Oxford University Press, 1991.

[119] Collins Cobuild English Grammar (4th Edition) [M]. New York: Harper Collins Publishers, 2017: 930–937.

[120] STEINER E. A register-based translation evaluation: An advertisement as a case in point [J]. Target: International Journal of Translation Studies, 1998, 10 (2): 291–318.

[121] STEINER E. Intralingual and interlingual versions of a text—how specific is the notion of translation? [A] // STEINER E, YALLOP C.Exploring translation and multilingual text production: Beyond content. Berlin: de Gruyter, 2001: 161–190.

[122] STEINER E. Grammatical metaphor in translation-some methods for corpus-based investigations [J]. Language and Computers, 2002, 39 (1): 213–228.

[123] STEINER E. Some properties of texts in terms of 'information distribution' across languages[J]. Languages in Contrast, 2004, 5(1): 49–72.

[124] STEINER E. Halliday and translation theory: Enhancing the options, broadening the range, and keeping the ground [A] // HASAN R, MATTHIESSEN C, WEBSTER J. Continuing discourse on language: A functional perspective (Volume 1). London: Equinox Publishing Ltd, 2005: 481–500.

[125] STEINER E. Textual instantiation, the notion of 'readings of texts', and translational agency [A] // KIM M, MUNDAY J, WANG Z, et al. Systemic Functional Linguistics and Translation Studies. London:

Bloomsbury Academic, 2021: 35–64.

[126] SUSAN H, FRANCIS G. Pattern grammar: A corpus–driven approach to the lexical grammar of English [M]. Amsterdam/Philadelphia: John Benjamins Publishing, 1996.

[127] SWEETSER E. From etymology to pragmatics: Metaphorical and cultural aspects of semantic structure [M]. Cambridge: Cambridge University Press, 1990.

[128] TERUYA K. Quoting and reporting across languages: A system based and text–based typology [J]. WORD, 2009, 64 (2): 69–102.

[129] THOMPSON G. Introducing functional grammar [M]. Beijing: Foreign Language Teaching and Research Press; London: Hodder Arnold, 2004.

[130] THOMPSON G. But me some buts: A multidimensional view of conjunction [J]. Text & Talk, 2005, 25 (6): 763–791.

[131] THOMPSON G. Introducing functional grammar [M]. Beijing: Foreign Language Teaching and Research Press; London: Hodder Arnold, 2008.

[132] THOMPSON G. Introducing functional grammar [M]. London: Routledge, 2014.

[133] TOURY G. Descriptive translation studies and beyond [M]. Amsterdam/Philadelphia: John Benjamins, 1995.

[134] VERGARO C. Illocutionary Shell Nouns in English [M]. New York: Peter Lang AG, 2018.

[135] VERGARO C, SCHMID H. Do the meanings of abstract nouns correlate with the meanings of their complementation patterns? A case study on English commissive shell nouns [J]. Pragmatics & Cognition, 2017, 24 (1): 91–118.

[136] WANG B, MA Y. Systemic functional translation studies: Theoretical insights and new directions [M]. London: Equinox Publishing Ltd,

2022.

[137] WINTER E. A clause-relational approach to English texts: A study of some predictive lexical items in written discourse [J] . Instructional Science, 1977, 6: 1-92.

[138] WINTER E. Towards a contextual grammar of English: The clause and its place in the definition of sentence [M] . London: Routledge, 2015.

[139] XI J. Xi Jinping: The governance of China I [M] .Beijing: Foreign Languages Press, 2014.

[140] XI J.Xi Jinping: The governance of China IV [M] . Beijing: Foreign Languages Press, 2022.

[141] XUAN W, CHEN S. A synthesis of research on grammatical metaphor: meta-data and content analysis [J] . WORD, 2019, 65（4）: 213- 233.

[142] XUAN W, CHEN S. Taking stock of accumulated knowledge in projection studies from Systemic Functional Linguistics: A research synthesis [J] . Functional Linguistics, 2020, 7（1）.

[143] YANG Y. Typological interpretation of differences between Chinese and English in grammatical metaphor [J] . Language Sciences, 2008, 30: 450-478.

[144] YU H, WU C. Same Chan master, different images: Multi-functional analysis of the story of Huineng and its translations [J] . The Journal of Translation Studies, 2016, 17（4）: 143-180.

[145] YU H, WU C. Functions of the pronoun 'we' in the English translations of Chinese government reports [C] // WANG B, MUNDAY J. Advances in discourse analysis of translation and interpreting: Linking linguistic approaches with socio-cultural interpretation. London: Routledge, 2020: 85-105.

[146] ZHANG M, PAN H. Institutional power in and behind discourse: A case study of sars notices and their translations used in Macao [J] .

Target: International Journal of Translation Studies, 2015, 27 (3):
387–405.

[147] ZHU C, ZHANG J. Dancing with ideology: Grammatical metaphor and
identity presentation in translation [J]. Meta: Translators' Journal,
2015, 60 (3): 387–405.